致敬：离我们远去的成语

汪仲华　编著

上海大学出版社
·上海·

图书在版编目（CIP）数据

致敬：离我们远去的成语/汪仲华编著.--上海：
上海大学出版社,2024.6

ISBN 978-7-5671-4969-4

Ⅰ.①致… Ⅱ.①汪… Ⅲ.①汉语－成语－自学参考
资料 Ⅳ.①H136.31

中国国家版本馆CIP数据核字(2024)第083553号

责任编辑　傅玉芳
封面设计　王　蓓
版面设计　柯国富
技术编辑　金　鑫　钱宇坤

致敬：离我们远去的成语
汪仲华　编著

出版发行	上海大学出版社
社　　址	上海市上大路99号
邮政编码	200444
网　　址	https://www.shupress.cn
发行热线	021-66135112
出 版 人	戴骏豪
印　　刷	上海光扬印务有限公司
经　　销	各地新华书店
开　　本	890mm×1240mm　1/32
印　　张	6.75
字　　数	170千字
版　　次	2024年6月第1版
印　　次	2024年6月第1次
书　　号	ISBN 978-7-5671-4969-4/H・431
定　　价	58.00元

版权所有　侵权必究
如发现本书有印装质量问题请与印刷厂质量科联系
联系电话：021-61230114

目　录

前言……………………………………1

凡例……………………………………1

正文……………………………………1

词目笔画索引………………………183

后记…………………………………207

前　言

什么是成语，较为全面而又权威的说法有：

（1）《辞海》：熟语的一种。习用的固定词组。在汉语中多数由四个字组成。组织多样，来源不一。所指多为确定的转义，有些可从字面理解，如"万紫千红""乘风破浪"；有些要知道来源才能懂，如"患得患失"出于《论语·阳货》，"守株待兔"出于《韩非子·五蠹》。

（2）《现代汉语词典》：人们长期以来习用的、简洁精辟的定型的词组或短语。

（3）《词源》：习用的古语。

成语属于熟语的一种，但又区别于俗语、谚语，具有组织多样、来源不一，既有从字面理解的，也有须掌握、知道来源出处才能懂的特点。有相当一部分成语是从古代相承沿袭而来的，也有的是从古人文章诗赋中压缩提炼而成的，亦有根据不同时期人们的口口相传或延习用语而流传下来的。成语的涉猎面极其广泛，囊括了人与自然、人与社会、人与人的关系等领域，反映了汉民族独特的心理结构、思维方式、审美情趣和价值观念，体现了深刻的思想、观点，具有鲜明的感情色彩和褒贬之意（亦含中性之谓），凝练精辟，易记易用。有学者认为，成语是具有定型性、整体性、古语性和习用性的固定词组。

成语从远古走来，最初往往与典故（包括案例、典制、故实）混同一体。典型的成语在形式上被视作成语，而内涵上往往就是典故，其主要出自典制和掌故、诗文中引用的典故和故事以及有来历出处的词语。汉魏以降亦多见引用古书中的传说、故事和词语，包括俗语、谚语、格言等，通过理解和引用来表达己见己意。

成语最早曰"辞"（南朝·梁·刘勰《文心雕龙》），唐代改称为"成语"，也有称"全语"等。也有一说，"成语"出自元代："古文不宜蹈袭前人成语，当以奇异自强。四六宜用前人成语，复不宜生涩求异。"（元·刘祁《归潜志》）

鉴此，成语是人们长期沿用，有着历史源流的古代词组，千百年来有的已经成为既往，有的则继续存在于现代汉语词汇之中。它是一条大河，流淌不息，有汇入有分流，有源有泾；如同事物总会有演化、衍变、传承、扬弃、发展一样，成语连同语言在长期的发展、使用中，必然会产生语音、语义、结构、用字等多方面的改变、异化。有相当一部分成语发生了流变、更替乃至隐匿、消失，成为冷僻、小众或少见不闻的稀罕之物。现时的我们可以革故鼎新，也更需要温故知新。我们完全有理由、有必要了解、记得和传承那些离我们远去的成语，并赋予其新的生命活力。不能数典忘祖，不识来路；当然也不必强调或讲究无一字（成语）无来历。对此有兴趣、有感觉的人，尽可以探源溯流、探幽索隐，顿学累功，充实和提高自己。

成语展示了中华儿女的物质创造能力和物质文化生活，其亦关乎精神，连贯了精神与物质，是中华民族智慧的结晶。五千年中华文明之所以能延绵流长不间断，成语作为重要基石起到了不可或缺、不可替代的作用。所以无论于何时何地、何缘何故，我们必须自豪地、自主地、一如既往地去爱护它、珍惜它，维系它的连贯性、传承性和承续性。

本书从古籍中撷取部分现已少见不闻的成语，依托《辞源》和多种字典、词典及书籍，明义析源，古为今用，既为自习，也为同好者呈奉可供增长见识、提高学养的读本或资料。

凡 例

一、本书共收录成语 1122 条。条目内容包括词目、释字、书证、词义等四部分。
1. 词目：一律以简化字立目，不分设主条与副条。
2. 释字：对词目中难解的字加以注释，仅注释该字在本条目中的字面义与引申义、比喻义。对生僻字或多音字加注汉语拼音，不注连读变音、变调。
3. 书证：为辅助说明成语的含义、用法及源流演变，每个条目一般都用一至两条书证，并尽可能地溯源该成语最早的出处。为便于读者查检书证来源，所引书证都标明作者名与篇名。
4. 词义：一般先串讲成语的字面义或本义，再说明用法或引申义、比喻义。一个成语条目有两种或两种以上不同意义的，用①②③分列。

二、本书按词目首字的汉语拼音顺序排列，读音相同的，则按笔画顺序排列；词目首字相同的，则按第二字的汉语拼音顺序排列。

三、为便于读者查检使用，本书正文后附"词目笔画索引"。

A

【哀吹豪竹】 吹、竹：笙、箫之类的乐器。元·麻革《题李氏寓酒轩》："千金结客多少年，哀吹豪竹，倒倾玉缸以酒玄。"悲哀的弦乐，豪壮的管乐。形容悲壮动人的乐声。

【哀告宾服】 哀告：苦苦央求。宾服：古代诸侯或边远部落按时朝贡，表示依服，服从。元·无名氏《延安府》第一折："我见他慌悚踌躇，左支右吾，跪在街衢，哀告宾服。"苦苦哀求饶恕，愿意服从。后泛指归顺、依从。

【爱育黎首】 黎首：指庶民百姓。南朝·梁·周兴嗣《千字文》："爱育黎首，臣伏戎羌。遐迩一体，率宾归王。"意谓爱护、体恤老百姓。

【安常履顺】 安：习惯于。履：走过，践踩。顺：适合，如意。语出《庄子·养生主》："适来，夫子时也；适去，夫子顺也。安时而处顺，哀乐不能入也。"清·方苞《方任二贞妇传》："凡士之安常履顺而自检其身，与所以施于家者，其事未若二妇人之艰难也，而乃苟于自恕，非所谓失其本心者与？"形容习惯于平稳的日子，处于顺利的境遇。

【安富恤穷】 安：安定。恤：救济。语出《周礼·地官·大司徒》："以保息六养万民：一曰慈幼，二曰养老，三曰振穷，四曰恤贫，五曰宽疾，六曰安富。"唐·陆贽《均节赋税恤百姓六条》六：

"损不失富,优可赈穷,此乃古者安富恤穷之善经。"安定富有的人,救济贫穷的人。指古代统治者治国安民之道。

【**岸帻笑咏**】 帻(zé):一种头巾。笑咏:笑谈。出自《晋书·谢奕传》:"岸帻笑咏,无异常日。"谈笑间把头巾掀起露出前额。形容举止洒脱,不拘束。

【**暗室逢灯**】 暗室:光线不足的屋子。逢:遇到。清·夏敬渠《野叟曝言》第十回:"天幸遇着相公,如暗室逢灯,绝渡逢舟,从此读书作文,俱可望有门径矣!"意谓在危难和困惑中,忽然遇人援助或指点引导。

【**盎盂相敲**】 盎(àng):古代一种腹大口小的盆。盂(yú):古代一种敞口的盛器。清·蒲松龄《聊斋志异·青蛙神》:"且盎盂相敲,皆臣所为,无所涉于父母。"盎盂两种盛器相互碰撞。形容家庭口角、冲突。

【**遨翔自得**】 遨翔(áoxiáng):展开翅膀回旋地飞。自得:自由自在的样子。语出《史记·管晏列传》:"其夫为相卿,拥大盖,策驷马,意气扬扬,甚自得也。"清·魏源《井径行寄感》:"人间局促不可以游,不如乘云遨翔九州。"形容自由自在、得意扬扬的样子。

【**奥援有灵**】 奥援:暗中支持的力量。明·文秉《先拨志始》卷下:"皆大憝巨奸,或燕处于园亭,或潜藏于京邸,奥援有灵,朝廷无法。"形容旧时官场的钻营勾结,暗通关节,很有神通。

B

【拔葵啖枣】 葵：我国古代普遍种植的一种蔬菜。啖（dàn）：吃。唐·独孤及《唐丞相故江陵尹御史大夫吕諲谥议》："阖境无拔葵啖枣之盗，而楚人到于今犹歌咏之。"拔走人家的葵菜，摘走人家的枣。形容小偷小摸。

【拔茅连茹】 茅：白茅，多年生的一种草本植物。茹：相互牵引的样子。语出《周易·泰》："拔茅茹，以其汇。"宋·黄庭坚《祭司马温公文》："所进忠贤，拔茅连茹；其去奸佞，迹无遗根。"比喻互相引进推荐。多形容用一个人连带引进许多人。

【拔犀擢象】 拔、擢（zhuó）：提拔。犀、象：犀牛、大象，借指杰出人才。宋·王洋《与丞相论郑武子状》："敕局数人，其间固有拔犀擢象见称一时者，然而析理精微，旁通法意，鲜如克。"形容提拔杰出人物。

【拔赵帜立赤帜】 赵帜：韩信率汉兵击赵，计诱赵军离开营房，汉兵尽拔赵旗，换上红旗。赤帜：红旗。清·陈康祺《郎潜纪闻》卷四："惜伪古文罅漏太多，弥缝匪易，虽盛气强词，仍不能拔赵帜立赤帜也。"意谓偷偷换取或战胜。比喻改变面目。

【跋胡疐尾】 跋：踩。胡：兽类颈部的垂肉。疐（zhì）：跌倒。遇到障碍。语出《诗经·豳风·狼跋》："狼跋其胡，载疐其尾。"宋·李纲《谢复观文殿大学士表》："惟信古太过，而欲为曲突徙薪之谋，故与物多违，而每致跋胡疐尾之患。"狼往前走就踩着自己颈部的垂肉，往后退就被自己的尾巴绊倒。比喻进退两难，陷入困境。

【白鸡之梦】梦：做梦。语出《晋书·谢安传》："昔桓温在时，吾常惧不全。忽梦乘温舆行十六里，见一白鸡而止。乘温舆者，代其位也。十六里，止今十六年矣。白鸡主酉，今太岁在酉，吾病殆不起乎！"意谓临近死亡的梦兆。后泛指不祥之兆。

【百巧成穷】巧：指有才能。宋·陈师道《寄单州张朝请》："一言悟主心犹壮，百巧成穷发自新。"意谓有多种才能的人反而贫困不堪。比喻才能虽高，却不能发挥，反遭穷困。

【百身莫赎】百身：身死百次。赎：抵，换回。语出《诗经·秦风·黄鸟》："彼苍天者，歼我良人；如何赎兮，人百其身。"南朝·梁·刘令娴《祭夫徐敬业文》："一见无期，百身何赎。"意谓虽百死其身而不足以偿其所失。形容所受损失极其惨烈。

【百物殷阜】殷：殷实。阜：富足。东汉·张衡《西京赋》："徒以地沃野丰，百物殷阜；岩险周固，衿带易守。"意谓物资丰盛富足。

【阪上走丸】阪：同"坂"，斜坡。走：滚动。丸：泥丸，弹丸。《汉书·蒯通传》："为君计者，莫若以黄屋朱轮迎范阳令，使驰骛于燕赵之郊，则边城皆将相告曰：'范阳令先下而身富贵'，必相率而降，犹如阪上走丸也。"在斜坡上滚泥丸。形容发展迅速或工作顺利。也形容乘势而为，极其便易。

【板板六十四】板：通"版"，古代铸钱的模子。清·范寅《越谚·数目之谚》："可板板六十四，铸钱定例也，喻不活。"宋时官铸铜钱，每版六十四文，不得增减。形容做事死板，不知变通。

【半间半界】半：一半，在中间。间：空隙，间隙。界：边限，界线。宋·陈亮《又乙巳春书》："丘宗卿亦受群儿谤伤之害，半间半界，州府卒归狱于赵穿，亮以此身既存，而不复问矣。"意谓不彻底、不透明、不明确。犹言不上不下、不三不四、不成体统。

【傍人篱壁】傍：依靠，倚仗。篱壁：篱笆墙。宋·严羽《沧浪诗话·答出继叔临安吴景仙书》："是自家实证实悟者，是自家闭门凿破此片田地，即非傍人篱壁，拾人涕唾得来者。"倚靠着别人的篱笆墙。比喻依赖或模仿别人。

【苞苴竿牍】苞苴(jū)：蒲包，指赠送的礼物，引申为贿赂。竿牍：竹简为书，指书信，特指请托信。《庄子·列御寇》："小夫之知，不离苞苴竿牍。"携带着礼物、书信去探访人。指行贿请托。

【苞苴公行】苞苴(jū)：蒲包，指赠送的礼物，引申为贿赂。公行：公开。语出《荀子·大略》："苞苴行与？谗夫兴与？"杨倞注："货贿必以物苞裹，故总谓之苞苴。"清·纪昀《阅微草堂笔记·如是我闻四》："然则苞苴公行，气籯篡不饰气而月限某日某日不受钱，谓之廉吏乎？"意谓公开用金钱、财物贿赂别人。

【宝珠市饼】宝珠：珍珠，珍宝。市：买。语出宋·李昉《太平广记·卷四二·贺知章》：唐时贺知章曾拜访一位卖药的老人，向其请教炼丹点化金银的法术并赠宝珠一枚。谁知老人得珠后即令童子拿去换饼，与贺共食。贺知章私念宝珠轻用，心中不快，老人曰："悭惜未止，术无由成？"比喻轻财宝，弃贪欲。

【抱关击柝】关：指关口、城门。柝(tuò)：巡夜人所敲的木梆子。《孟子·万章下》："辞尊居卑，辞富居贫，恶乎宜乎？抱关击柝。"指看守城门、打更巡夜的小官吏。后也泛指职位卑下。

【豹死留皮】留：留存。《新五代史·王彦章传》："彦章武人不知书，常为俚语谓人曰：'豹死留皮，人死留名。'其于忠义，盖天性也。"豹子死了，皮留在世间。比喻美名存于后世。

【暴戾恣睢】暴戾(bàolì)：残忍，乖张。恣睢(suī)：肆意妄为。《史记·伯夷列传》："盗跖日杀不辜，肝人之肉，暴戾恣睢，聚党数千人，横行天下，竟以寿终，是遵何德哉？"形容凶暴残忍，横行无忌。

【陂湖禀量】陂(bēi)：池沼。湖：湖泊。禀(bǐng)：承受。量(liáng)：测量。语出《后汉书·黄宪传》："叔度汪汪若千顷陂，澄之不清，淆之不浊，不可量也。"唐·黄滔《祭右省李常侍洵》："惟灵，金石呈姿，陂湖禀量。伊彼昭代，生乎德门。"比喻人的度量宽广恢宏。

【杯蛇鬼车】杯蛇："杯弓蛇影"之省略。鬼车：传说中的九头鸟。明·施耐庵《水浒传》第九十五回："况我兵惊恐，凡杯蛇鬼车，风兵草甲，无往非撼志之物。"意谓因疑虑、惊惧导致幻觉中产生的怪物。

【卑以自牧】卑：谦虚，谦恭。牧：养育。自牧：自我修养。《周易·谦》："谦谦君子，卑以自牧也。"意谓以谦虚的态度修养自己的德行。

【卑之无甚高论】卑：低下。高论：不同凡响的议论。语出《汉书·张释之传》："释之既朝毕，因前言便宜事。文帝曰：'卑之，毋甚高论，令今可行也。'"本义指汉文帝要张释之讲实际问题，不要空发议论。后比喻见解一般，没有什么高明之说或独到之处。

【北门管钥】管钥：锁和钥匙。语出《左传·僖公三十二年》："郑人使我掌北门之管，若潜师以来，国可得也。"清·黄遵宪《冯将军歌》："北门管钥赖将军，虎节重臣亲拜疏。"比喻边防要塞或守御重任。

【贝联珠贯】贝、珠：珍珠宝贝。宋·司马光《华星篇》："贝联珠贯拱北辰，三五纵横此何夕？"贝和珠联贯在一起非常齐整、漂亮。形容排列整齐、美观之状。

【背本趋末】背：背离。本、末：古代常以农业为本，手工业、商贾为末。趋：追逐。语出西汉·贾谊《论积贮疏》："古之治天下，至孅至悉也，故其畜积足恃。今背本而趋末，食者甚众，是天下之大残也。"意谓背离基本的、重要的部分，追求细微末节。

【背城借一】 背城：背向自己所在的城堡。借一：凭借最后一战。《左传·成公二年》："请收拾余烬，背城借一。"形容与敌人决一死战。

【奔车之上无仲尼，覆舟之下无伯夷】 奔：通"贲"，倾覆。仲尼：即孔子，主张仁爱。覆舟：船遭翻沉。伯夷：古代贤人，主张守节谦让。《韩非子·安危》："小人少而君子多，故祖稷常立，国家久安。奔车之上无仲尼，覆舟之下无伯夷，故号令者，国之舟车也。"意谓在危难的环境中，就是孔子也不能保持平静，伯夷也难以保持清高。比喻生存乱世，连圣贤也得不到安宁。

【匕鬯不惊】 匕：古代的一种勺子。鬯（chàng）：古代祭祀用的酒。语出《周易·震》："震惊百里，不丧匕鬯。"形容军队纪律严明，所到之处，社会安定，百姓不受惊忧。

【比屋可诛】 比屋：一屋挨着一屋，家家。诛：杀戮。语出汉·陆贾《新语·无为》："尧舜之民，可比屋而封；桀纣之民，可比屋而诛者，教化使然也。"家家都可杀戮。形容世风日下，恶人众多。

【闭门却扫】 却：停止。东汉·应劭《风俗通·十反》："蜀郡太守颍川刘胜季陵，去官在家，闭门却扫，岁时致敬郡县，问答而已。"关闭大门，不再打扫庭院。意谓闭门谢客，不与外界往来。

【敝绨恶粟】 敝：破旧。绨（tí）：比绸子厚的粗糙的纺织品。粟：小米。宋·王安石《祭范颍州文》："翼翼公子，敝绨恶粟。闵死怜穷，惟是之奢。"形容衣食粗劣，生活艰苦。

【筚门闺窦】 筚（bì）门：用竹条或树枝编织的栅栏门。闺窦（dòu）：小门。《左传·襄公十年》："筚门闺窦之人而皆陵其上，其难为上矣。"形容穷苦人家或贫困人家居住的简陋。

【避坑落井】避坑：避开陷坑。落井：掉入井中。《晋书·褚翜传》："今宜共戮力以备贼，幸无外难，而内自相击，是避坑落井也。"比喻一害方去而一害又生，灾祸接踵而至。

【避世墙东】避世：避免与外界接触，离世隐居。墙东：指隐居之地。《后汉书·逸民传》："君公遭乱独不去，侩牛自隐。时人谓之论曰：'避世墙东王君公。'"意谓隐居于市井贩夫之间。

【髀肉复生】髀（bì）：大腿。语出西晋·陈寿《三国志·蜀书·先主传》："荆州豪杰归先主者日益多，表疑其心，阴御之。"裴松之注引《九州春秋》："备往荆州数年，尝于表坐起至厕，见髀里肉生，慨然流涕。还坐，表怪问备，备曰：'吾常身不离鞍，髀肉皆消。今不复骑，髀里肉生。日月若驰，老将至矣，而功业不建，是以悲耳！'"原指因长时间不骑马大腿上的肉又长起来。后常用为自慨久处安逸，壮志渐消，不能有所作为之辞。也形容虚度时光。

【飙举电至】飙（biāo）：暴风。西汉·桓宽《盐铁论·世务》："匈奴贪狼，因时而动，乘可而发，飙举电至。"像暴风闪电一样突然发动。形容声势猛烈。

【别具肺肠】别：另外。具：具有。肺肠：心思。语出《诗经·大雅》："自有肺肠，俾民卒狂。"清·李宝嘉《官场现形记》第五十三回："洋务能员但求形式，外交老手别具肺肠。"比喻人之动机不良，故意违背众意，标新立异。

【彬彬济济】彬彬：文质兼备的样子。济济：众多的样子。清·郑观应《盛世危言·技艺》："而目前由学塾以升入学院教育者彬彬济济，于工艺之道无不各造精微，此皆广设书院教育得宜之有效也。"形容人才盛多。

【冰壶秋月】冰壶：盛水的玉壶，比喻洁白。秋月：秋夜的月亮，比喻皎洁。《宋史·李侗传》："邓迪尝谓朱松曰：'愿中如冰壶秋月，莹彻无瑕，非吾曹所及。'"比喻品德高尚，心地纯洁。

【冰解冻释】 解：融解。释：消除。语出《庄子·庚桑楚》："是乃所谓冰解冻释者能乎？"宋·朱熹《朱子全书·中庸》："复取程氏书虚心平气而读之，未乃数行，冰解冻释。"比喻障碍、疑难以及误会等完全消除而无凝滞。

【波属云委】 属：连接。委：累积，汇聚。《宋书·谢灵运传》："自建武暨乎义熙，历载将百，虽缀响联辞，波属云委，莫不寄言上德，托意玄珠。"波涛连绵，云层堆叠。比喻连续不断，层见叠出。

【伯歌季舞】 伯、季：伯、仲、叔、季为兄弟间的排序，伯是老大，季为最小的弟弟。西汉·焦赣《易林·否之损》："秋风牵手，相提笑语。伯歌季舞，燕乐以喜。"哥哥唱歌，弟弟跳舞。形容兄弟友爱，亲密无间。

【伯虑愁眠】 伯虑：国名，先秦时期番禺之东的一个古国。愁：忧虑，发愁。清·李汝珍《镜花缘》："杞人忧天，伯虑愁眠。"原指古伯虑国的人因为害怕在睡眠中逝去而忧虑。形容自寻烦恼，太过忧虑。

【伯牛之疾】 伯牛：孔子学生冉耕的字。语出《论语·雍也》："伯牛有疾，子问之，自牖执其手，曰：'亡之，命矣夫！斯人也而有斯疾也！斯人也而有斯疾也！'"伯牛是位贤者，孔子叹惜其患了恶疾。意谓为有德行的人得了不治之症而惋惜。

【伯俞泣杖】 伯俞：韩姓，汉朝人。泣：哭泣。杖：手杖，拐杖。语出西汉·刘向《说苑·建本》："伯俞有过，其母笞之，泣。其母曰：'他日笞子，未尝见泣，今泣何也？'对曰：'他日俞得罪，笞尝痛；今母之力衰，不能使，是以泣也。'"明·程登吉《幼学琼林·祖孙父子类》："毛义捧檄，为亲之存；伯俞泣杖，因母之老。"韩伯俞过去受母亲责打有痛感，如今因感念母亲年老力衰责打不痛而哭泣。比喻孝顺父母。

【伯玉知非】 伯玉：蘧瑗，字伯玉，春秋时卫国人。非：不对。语出《淮南子·原道训》："故蘧伯玉年五十，而有四十九年非。"意谓伯玉反省自己的既往行为、过失，思过即改。比喻人善于认识自己的过错并加以改正。

【博士买驴】 博士：古代学官名。买驴：指博士为买驴写契约，三张纸写满尚未涉及买驴之事。语出北齐·颜之推《颜氏家训·勉学》："问一言辄酬数百，责其指归，或无要会。邺下谚云：'博士买驴，书券三纸，未有驴字。'"形容废话连篇，不得要领。

【薄物细故】 薄（bó）物：轻贱的物品。细故：无关紧要的事情。《汉书·匈奴传上》："薄物细故，谋臣计失，皆不足以离昆弟之欢。"形容轻微细小的事情。

【跛鳖千里】 跛（bǒ）：跛脚。鳖（biē）：甲鱼。《荀子·修身》："故跬步而不休，跛鳖千里；累土而不辍，丘山崇成。"跛脚的鳖虽然爬行有碍，但仍可行至千里之外。意谓资质鲁钝的人只要努力，也会有所成就。比喻勤可补拙。

【簸风弄月】 簸：用簸箕盛粮食等上下颠动，扬去糠粃尘土等异物。弄：玩弄，引申为戏耍、游戏。宋·张炎《词源》："簸风弄月，陶写性情，词婉于诗。"形容对风情、世态、生活的把持或描写。

【补苴罅漏】 苴（jū）：麻的子。补苴：弥补。罅（xià）：缝隙。唐·韩愈《昌黎集·进学解》："抵排异端，攘斥佛老，补苴罅漏，张皇幽眇。"原指弥补学说、文章等的漏洞。后泛指弥补缺陷漏洞。

【补天浴日】 补天：指女娲补天。浴日：指羲和浴日。《宋史·赵鼎传》："顷张浚出使川陕，国势百倍于今。浚有补天浴日之功，陛下有砺山带河之誓，君臣相信，古今无二，而终致物议，以被窜逐。"比喻力挽危局，功勋巨大。

【不差累黍】累、黍：古代两种很小的重量单位，比喻微小的数量。语出《汉书·律历志上》："度长短者不失毫厘，量多少者不失圭撮，权轻重者不失黍累。"清·百一居士《壶天录》上卷："并行而上，不差累黍。"形容丝毫不差。

【不次之迁】次：顺序，等第。迁：官位升迁。语出《汉书·东方朔传》："武帝初即位，征天下举方正贤良文学材力之士，待以不次之位。"清·刘鹗《老残游记》第七回："果能使地方安静，虽无不次之迁，要亦不至于冻馁。"比喻超出常规的提升官职。

【不丰不杀】丰：厚。杀：减少。《礼记·礼器》："孔子曰：'礼不可不省也。'礼不同，不丰不杀。"孔颖达疏："不丰者，应少不可多，是不丰也；不杀者，应多不可少也，是不杀也。"原指既不奢侈也不啬俭。后多表示数量既不增加也不减少。

【不伏烧埋】伏：屈服。烧埋：指旧时官府向杀人犯追缴赔给死者家属的埋葬费。元·康进之《李逵负荆》第四折："休道你兄弟不伏烧埋，由你便直接打到梨花月上来。"比喻一意孤行，不伏罪或不听劝解。

【不苟訾议】苟（gǒu）：随便。訾（zǐ）：诋毁，说别人坏话。语出《礼记·曲礼》："听于无声，视于无形，不登高，不临深，不苟訾，不苟笑。孝子不服暗，不登危，惧辱亲也。"西汉·桓宽《盐铁论·诏圣》："瞽师不知黑白而善闻言，儒者不知治世而善訾议。"意谓不随便议论和指责他人的缺点。

【不间不界】间、界：同"尴尬"。宋·朱熹《朱子语类》："圣人全体极至，没那不间不界底事。"原形容不正当、不正常。后比喻左右为难，不好处理。也形容样子别扭。

【不可方物】方物：识别。《国语·楚语下》："及少皞之衰也，九黎乱德，民神杂糅，不可方物。"原指不能识别，无法分辨。也形容无可比拟。

【不劣方头】劣：不好。方头：指做事固执、不圆通。语出元·关汉卿《钱大尹智勘绯衣梦》："俺这里有个裴炎，好生方头不劣。"元·无名氏《陈州粜米》："我从来不劣方头，恰便似火上浇油。"形容人性格倔强固执，不以不通时宜为不好。

【不蔓不枝】蔓：植物细长而不能直立的茎。枝：植物主干上分出的细枝。宋·周敦颐《爱莲说》："中通外直，不蔓不枝。"原指莲梗光直而无分枝。后比喻说话或写文章简洁而不拖沓。

【不日不月】不：不计。《诗经·王风·君子于役》："君子于役，不日不月。"郑玄笺："行役反无日月。"不计日月，没有期限。比喻日月漫长。

【不失圭撮】失：偏离。圭（guī）：古代容量单位，一升的十万分之一。撮：古代容量单位，一升的千分之一。《汉书·律历志上》："量多少者，不失圭撮。"形容数量准确。

【不以一眚掩大德】以：因为。眚（shěng）：眼睛膜上的小翳，引申为过失、错误。掩：遮盖。德：德行。《左传·僖公三十三年》："大夫何罪？且吾不以一眚掩大德。"意谓不能因为一个人有些小的错误而抹杀其全部功绩。

【不诱于誉，不恐于诽】诽：毁谤，说别人的坏话。《荀子·非十二子》："故君子耻不修，不耻见污；耻不信，不耻不见信；耻不能，不耻不见用，是以不诱于誉，不恐于诽，率道而行，端然正己，不为物倾侧。夫是之谓君子。"不为赞誉所引诱，不因毁谤而恐惧。意谓对别人的褒贬誉毁持客观冷静的态度。

【不知薡蕫】薡蕫（dǐngdǒng）：草名，质地柔软可制绳子。《诗经·尔雅·释草》："蘱，薡蕫。"郭璞注："'似蒲而细'，不知薡蕫者，岂不辨菽麦意乎？"讥讽人愚昧不懂事，缺乏知识。

【不忮不求】忮（zhì）：嫉妒。求：贪求。《诗经·邶风·雄雉》："百尔君子，不知德行。不忮不求，何用不臧。"不嫉妒，不贪求。形容安于现状,为人淡泊。

【步罡踏斗】 罡(gāng):北斗七星之柄。斗:北斗星。明·罗贯中《三国演义》第一百三回:"日则计议军机,夜则步罡踏斗。"指道士的一种迷信活动,其步行曲折,宛如踏在罡星斗宿之上。

【步线行针】 步:行走。行针:指缝纫时的用针。元·康进之《李逵负荆》第二折:"那怕你指天画地能瞒鬼,步线行针待哄谁?"原指裁缝衣服的技术。后比喻安排布置缜密周详。

C

【才华卓荦】 卓荦（luò）：卓越，突出。语出东汉·班固《两都赋》："卓荦诸夏，兼其所有。"明·罗亨信《挽邓大尹二首（其一）》："才华卓荦冠群英，作邑名藩最有声。"形容人非常优秀有才华。

【才疏意广】 疏：粗疏，不足。广：广大，多。《后汉书·孔融传》："融负其高气，志在靖难，而才疏意广，迄无成功。"形容才学疏浅而抱负甚大。

【财多命殆】 殆（dài）：危险。《后汉书·冯衍传》："况今位尊身危，财多命殆。鄙人知之，何疑君子。"意谓钱财多了，易招致盗贼，生命就会有危险。

【采薪之忧】 采薪：打柴，砍柴。忧：忧愁，忧患。《孟子·公孙丑下》："孟仲子对曰：昔者有王命，有采薪之忧，不能造朝。"因生病而担忧不能砍柴。后用作自称有病之婉辞。

【蚕丝牛毛】 蚕：昆虫，吃桑叶，吐丝成茧。明·宋濂《答郡守聘五经师书》："苟于孝道有阙，则虽分析经义如蚕丝牛毛，徒召辱耳。"形容多而细密。也比喻条分缕析，周到详尽。

【苍黄翻覆】 苍：青色。苍黄：青色和黄色。翻覆：颠来倒去地变化。语出《墨子·所染》："见染丝者而叹曰：'染于苍则苍，染于黄则黄。'"南朝·齐·孔稚珪《北山移文》："岂期终始参差，苍黄翻覆。泪翟子之悲，恸朱公之哭。"比喻变化不定，反复无常。

【沧沧凉凉】沧：寒也，冷。凉：微寒，温度低。沧凉：寒冷，寒凉。《列子·汤问》："日初出，沧沧凉凉，及其日中，如探汤。"凉是冷之始，寒是冷之极。形容寒冷。

【藏器待时】藏：隐藏，躲藏。器：用具，引申为才能。待时：等待时机或机会。语出《周易·系辞下》："君子藏以身，待时而动。"东晋·葛洪《抱朴子·时难》："盖往而不反者，所以功在身后，而藏器俟时者，所以百无一遇。"比喻怀才以待施展的时机。

【藏头亢脑】藏：隐藏，躲藏。亢（kàng）：同"囥"，藏。宋·朱熹《朱子语类·易》："若圣人有甚么说话，要与人说，便分明说了，若不要人说，便不说，不应恁地千般万样藏头亢脑，无形无影，教后人自去多方推测。"形容说话遮遮掩掩，使人不得要领。

【操履无玷】操履：指平日操守和履行职责。玷（diàn）：白玉上的污点，引申为缺点、过失。语出东晋·葛洪《抱朴子·博喻》："洁操履之拘苦者，所以全拔萃之业。"《新唐书·郝处俊传》："武后虽忌之，以其操履无玷，不能害。与舅许圉师同里，俱宦达；乡人田氏、彭氏以高赀显。故江、淮间为语曰：贵如郝、许，富如田、彭。"意谓操守洁白，没有一丝污点与过失。

【曹衣出水】曹：北齐画家曹仲达。宋·郭若虚《图画见闻志·论曹吴体法》："吴带当风，曹衣出水。"意谓曹仲达笔下的佛像衣衫紧贴在身上，如同刚从水中出来一般。形容画家笔法刚劲稠叠。

【草蛇灰线】草蛇：指蛇从草丛穿过会留下痕迹。灰线：缝衣服的线在炉灰中拖一下会留有痕迹。明·金圣叹《贯华堂第五才子书水浒传》："非写西碣村景。正记太师生辰，皆草蛇灰线之法也。"比喻事物留下隐约可寻的线索和迹象。

【草头木脚】草头：隐指"苏"字。木脚：隐指"梁"字。《宋史·苏绅传》："绅与梁适同在两禁，人以为险诐，故曰：'草头木脚，陷人倒卓。'"宋代的苏坤、梁适都是奸邪的官吏。比喻奸邪之辈。

【草薙禽狝】薙（tì）：除草。狝（xiǎn）：杀戮。语出唐·韩愈《送郑尚书序》："至纷不可治，乃草薙而禽狝之，尽根株痛断乃止。"像割除野草、捕杀禽兽那样杀戮。比喻肆意屠杀。

【策勋饮至】策勋：把功勋记载在简策上。饮至：指诸侯朝、会、盟、伐后回宗庙饮酒庆功、贺旋。语出《左传·桓公三年》："凡公行告于宗庙，反行饮至，舍爵策勋焉，礼也。"唐·陈子昂《登蓟城西北楼送崔著作融入都（并序）》："策勋饮至，方同廊庙之欢；偃武橐弓，借尔文儒之首。"形容庆功贺捷、一派喜庆的样子。

【察纳雅言】察纳：采纳。雅：正确的。三国·蜀·诸葛亮《前出师表》："陛下亦宜自谋，以谘诹善道，察纳雅言，深追先帝遗诏，臣不胜受恩感激。今当远离，临表涕临，不知所言。"意谓采纳、听取正确的言论、主张。

【柴车幅巾】柴车：粗劣的车。幅巾：用一幅绢来束头发。《后汉书·韩康传》："亭长以韩徵君当过，方发人牛修道桥，及见柴车幅巾，以为田叟也。"坐着柴车，不戴帽子，用绢束着头发。形容作风俭朴。

【昌歜羊枣】昌歜（chù）：菖蒲，多年生草木植物，根茎可以做香料。羊枣：一种黑色的小枣。宋·苏轼《答李端叔书》："不肖为人所憎，而二子独喜见誉，如人嗜昌歜羊枣，未易诘其所以然者。"据传周文王嗜昌歜，春秋鲁国曾皙嗜羊枣。形容人之所偏好之物。

【长颈鸟喙】喙（huì）：鸟兽的嘴。《史记·越王勾践世家》："范蠡遂去，自齐遗大夫种书曰：'蜚鸟尽，良弓藏；狡兔死，走狗烹。越王为人长颈鸟喙，可与共患难，不可与共乐。子何不去？'"

古人认为长颈脖、尖嘴巴为奸诈阴险之相。比喻为人阴险恶毒,不可相与。

【长林丰草】长林:很深的树林。丰草:茂盛的野草。语出三国·魏·嵇康《与山巨源绝交书》:"虽饰以金镳,飨以嘉肴,愈思长林而志在丰草也。"唐·王维《与魏居士书》:"顿缨狂顾,岂与俯受维絷有异乎?长林丰草,岂与官署门阑有异乎?"幽深之树林,丰茂之野草。本指禽兽栖止之处。后借指隐者所居之处。

【长算屈于短日】 长算:长远之计。屈:屈服,受挫折。短日:指时光短暂。西晋·陆机《吊魏武帝文》:"长算屈于短日,远迹顿于促路。"意谓长远的计划在短时间内受挫折。

【长算远略】长算:长远之计。语出西晋·陈寿《三国志·蜀书·张嶷传》:"而太傅离少主,履敌庭,恐非良计长算之术也。"宋·洪迈《容斋继笔·名将晚谬》:"搴旗陷阵,将军事也;长算远略,老夫事也。"长远的计划、谋略。意谓深谋远虑。

【尝鼎一脔】 尝:品尝。鼎:古代炊具,三足两耳。脔(luán):切成块的肉。语出《吕氏春秋·察今》:"尝一脔肉而知一镬之味,一鼎之调。"品尝鼎里的一块肉,就知道整个鼎里的肉的味道。比喻可以根据部分推断全部。

【车殆马烦】殆(dài):亦作"怠",疲乏。烦:烦躁。三国·魏·曹植《洛神赋》:"日既西倾,车殆马烦。"南朝·宋·鲍照《代白纻舞歌词》:"车怠马烦客忘归,兰膏明烛承夜晖。"形容旅途疲累劳顿。

【车在马前】 马前:在马的前面。《礼记·学记》:"良冶之子,必学为裘;良弓之子,必学为箕;始驾马者反之,车在马前。君子察于此三者,可以有志于学矣。"小马学驾车要先跟在大马所驾之车的后面。比喻使初学者自易至难、自粗至精。也指学习提高要有人点拨、提携。

【扯空砑光】 砑（yà）光：用石头碾磨纸、布匹及皮革，使之坚实而有光泽。清·艾衲居士《豆棚闲话》第十则："那一带沿河临水住的，俱是靠着虎丘山上，养活不知多多少少扯空砑光的人。"意谓靠花言巧语骗人钱财。也形容沾别人的光。

【扯篷拉纤】 扯篷：扯起篷帆。拉纤：拉着纤绳使船前行。清·曹雪芹《红楼梦》第十五回："凤姐又道：'我比不得他们扯篷拉纤的图银子。这三千两银子，不过是给打发去说的小厮们作盘缠。'"比喻用不正当的手段为人撮合说情而从中获利的行为。

【沉李浮瓜】 沉、浮：纳入水中，或沉没或上浮。语出三国·魏·曹丕《与朝歌令吴质书》："浮甘瓜于清泉，沉朱李于寒水。"形容夏日的一种生活情趣。

【沉灶生蛙】 沉：沉入，沉浸。灶：生火做饭的设备，灶台。语出《国语·晋语九》："晋师围而灌之，沉灶产蛙，民无叛意。"西晋·成公绥《阴霖赋》："百川泛滥，潢潦横流，沉灶生蛙，中庭运舟。"灶台淹没于水中，灶坑里生长出青蛙。形容水患之甚。

【陈平席门】 陈平：汉初名臣。席门：以席为门。语出《史记·陈丞相世家》："负随平至其家，家乃负郭穷巷，以弊席为门，然门外多有长者车辙。"宋·陈著《春夜梦中得四句》："北海座上客常满，陈平席门车亦多。贫富不关交际事，二公门户亦山河。"形容贤士或隐者虽贫贱却为人所器重。

【承颜候色】 承：承受。候：窥视。《魏书·寇治传》："畏避势家，承颜候色，不能有所执据。"形容看人脸色行事，不敢有不同意见。

【惩忿窒欲】 惩：警戒。窒：堵塞。《周易·损》："损，君子以惩忿窒欲。"明·冯梦龙《醒世恒言·一文钱小隙造奇冤》："各宜警醒，惩忿窒欲，且休望超凡入道，也是保身安家的正理。"意谓克制愤怒的情绪，抑止过分的欲望。

【秤斤注两】 注：在意，计较。宋·朱熹《朱子语类·论取士》：

"那时士人所做文字极粗,更无委曲柔弱之态,所以亦养得气宇。只看如今秤斤注两,作两句破头,如此是多少衰气。"意谓斤斤计较,顾小不顾大。形容人的气度狭窄,关心注重小节。

【鸱目虎吻】 鸱(chī):鹞鹰,一种猛兽。《汉书·王莽传》:"莽所谓鸱目虎吻豺狼之声者也,故能食人,亦当为人所食。"鹞鹰的眼,猛虎的嘴。形容人的相貌阴险凶恶。

【痴黠各半】 痴:傻,愚钝。黠(xiá):聪明而狡猾。南朝·宋·刘义庆《世说新语·文学》:"恺之体中,痴黠各半,合而论之,正得平耳。"痴愚和狡黠各占一半。形容人既痴愚又聪明。也形容人小事装糊涂,而大事不糊涂。

【弛期更日】 弛:放松。更:改变。《战国策·魏策二》:"雪甚如此而丧行,民必甚病之。官费又恐不给,请弛期更日。"意谓延缓、改变日期。

【持盈保泰】 盈:盛满。泰:平安。语出《诗经·大雅·凫鹥》:"太平之君子,能持盈守成。"清·夏敬渠《野叟曝言》第一一八回:"登斯民于三五,臻治术于唐虞,此即持盈保泰之道。"旧指在富贵极盛的时候要小心谨慎,避免灾祸,以保持原来的地位。

【尺璧寸阴】 璧:美玉。阴:光阴。寸阴:指极短的时间。语出《淮南子·原道训》:"故圣人不贵尺之璧,而重寸之阴,时间得而易失也。"日影移动一寸的时间价值比径尺之璧玉还要珍贵。形容时间之宝贵。

【尺泽之鲵】 尺泽:一尺见方的水面,言其小。鲵(ní):两栖动物,有大鲵、小鲵两种,这里指小鱼。战国·楚·宋玉《对楚王问》:"夫尺泽之鲵,岂能与之量江海之大哉。"小水渎中的小鱼。比喻见识短浅之人。

【侈丽闳衍】 侈(chǐ)丽:奢侈华丽。闳衍(hóngyǎn):指文辞恢宏、繁缛。《汉书·艺文志》:"其后宋玉、唐勒,汉兴枚乘、司马相如，下及扬子云，竞为侈丽闳衍之词，没其风谕之义。"华丽繁富。多用指文辞。

【赤口白舌】赤口：沾血之嘴。白舌：带毒之舌。语出唐·卢仝《月食》："乌为居停主人不觉察，贪向往人家，行赤口毒舌，毒虫头上却吃月，不啄杀。"宋·吴泳《赠星翁郭若水》："片文只字不世，赤口白舌空招尤。"形容言语恶毒，出口伤人。

【赤舌烧城】赤舌：火舌，指恶毒的语言。西汉·扬雄《太玄经》："赤舌烧城，吐水于瓶。"唐·陆龟蒙《杂讽》："赤舌可烧城，谗邪易为伍。"意谓谗言为害甚烈，可以毁人毁城。

【充类至尽】充类：推究同类事理。至尽：到达极精密处。语出《孟子·万章下》："夫谓'非其有而取之者，盗也'，充类至义之尽也。"意谓把同类的事物加以比照推论，把道理发挥到极致，或把事情做到最完美。

【虫臂鼠肝】虫臂：以虫子之臂比喻小。鼠肝：以老鼠肝比喻小。语出《庄子·大宗师》："倚其户与之语曰：'伟哉造化，又将奚以汝为，将奚以汝适？以汝为鼠肝乎？以汝为虫臂乎？'"成玄英疏："叹彼大造，弘普无私，偶尔为人，忽然返化。不知方外适往何道，变作何物。将汝五藏为鼠之肝，或化四支为虫之臂。任化而往，所遇皆适也。"比喻微小卑贱之物。

【虫沙猿鹤】虫沙：喻指士兵。猿鹤：喻指军官。唐·韩愈《送区弘南归》："穆昔南征军不归，虫沙猿鹤伏似飞。"后比喻战死的将士或因战乱而死的人们。

【虫霜旱潦】潦（lǎo）：古同"涝"，指雨水多。唐·李匡义《资暇集·虫霜旱潦》："饮坐令作。有不悟而饮罚爵者，皆曰'虫伤旱潦'，或云'虫伤水旱'，且以为薄命而不偶，万口一音，未尝究四字之意，何也？'虫伤'宜为'虫霜'，盖言田农水旱之外，抑有虫蚀、霜损，此四者，田农之大害。"指影响农业生产的四大害。

【愁潘病沈】 潘：指西晋著名文学家潘岳。沈：指南朝梁开国功臣沈约。元·汪元亨《沉醉东风·归田》："雪月风花不系心，打挨过愁潘病沈。"潘岳因忧悲而早生华发，沈约因病而瘦减腰围。泛指烦恼和疾病。也形容人之衰弱。

【出纳之吝】 出纳：往外拿，交付。吝（lìn）：小气，吝啬。《论语·尧曰》："子曰：'不教而杀谓之虐；不戒视成谓之暴；慢令致期谓之贼；犹之与人也，出纳之吝，谓之有司。'"舍不得拿出去。形容人出手小气。

【础泣而雨】 础：屋柱下的基石。语出《淮南子·说林训》："山云蒸，柱础润。"宋·苏洵《辨奸论》："事有必至，理有固然，惟天下之静者，乃能见微而知著。月晕而风，础润而雨，人人知之。"柱子的基石湿润了，就是要下雨的征候。比喻见到一点迹象，就能推知它的发展方向。

【楚材晋用】 材：指有才能的人。语出《左传·襄公二十六年》："晋卿不如楚，其大夫则贤，皆卿材也。如杞梓、皮革，自楚往也。虽楚有材，晋实用之。"楚国的人才为晋国所用。比喻本地或本国的人才外流，被别处或别国所用。

【楚楚谡谡】 楚楚：整齐鲜明的样子。谡谡（sùsù）：峻挺的样子。清·张岱《陶庵梦忆·朱楚生》："楚生色不甚美，虽绝世佳人无其风韵，楚楚谡谡，其孤意在眉，其深情在睫，其解意在烟视媚行。"形容风度清雅高迈。

【楚氛甚恶】 氛：氛围。甚：很，极。恶（wù）：憎恨，讨厌。《左传·襄公二十七年》："伯夙谓赵孟曰：'楚氛甚恶，惧难。'"形容周遭充满了恶俗之风气，实在令人可憎。

【揣歪捏怪】 揣：怀揣。捏：故意引起事端。元·无名氏《陈州粜米》楔子："俺两个全仗俺父亲的虎威，拿粗挟细，揣歪捏怪，帮闲钻懒,放刁撒泼。"形容肚里藏着坏心思寻机挑起怪事,进行捣鬼。

【川壅必溃】 壅(yōng):堵塞。溃:决口。《国语·周语上》:"邵公曰:'防民之口,甚于防川。川壅必溃,伤人必多,民亦如之。是故为川者,决之使导,为民者,宣之使言。'"堵塞河流,会导致决口之害。比喻办事要因势利导,否则会造成严重后果。

【穿杨贯虱】 贯:穿过,穿通。语出《列子·汤问》:"纪昌者,又学射于飞卫……乃以燕角之弧、朔篷之簳射之,贯虱之心,而悬不绝。"《史记·周本纪》:"楚有养由基者,善射者也。去柳叶百步而射之,百发而百中之。"形容射箭的技艺高超,功夫浑厚。

【传柄移籍】 柄:权柄。籍:权势。《韩非子·三守》:"恶自治之劳惮,使君臣辐凑之变,因传柄移籍,使杀生之机、夺予之要在大臣。"形容权势、地位转移、变动。

【炊沙作饭】 炊:烧。炊沙:煮沙子作饭。唐·顾况《行路难》:"君不见担雪塞井徒用力,炊沙作饭岂堪食。"比喻劳而无功,白费力气。

【椎心泣血】 椎(chuí):捶打,击拍胸脯。泣:哭。语出汉·李陵《答苏武书》:"何图志未立而怨已成,计未从而骨肉受刑,此陵所以仰天椎心而泣血也!"唐·李商隐《祭裴氏姨文》:"椎心泣血,孰知所诉。"形容极度悲痛。

【春祈秋报】 祈:向神求祷。报:为报恩而祭祀。语出《诗经·周颂·载芟序》:"《载芟》,春籍田而祈社稷也。"孔颖达疏:"既谋事求助,致敬民神,春祈秋报,故次《载芟》《良耜》也。"指古代春秋两季举行的祭祀。

【唇吻翕辟】 翕(xī):合。辟:开。清·蒲松龄《聊斋志异·促织》:"巫从旁望空代祝,唇吻翕辟,不知何词。"嘴唇一张一合,却不知所云。

【踧踧周道】踧踧(cùcù):平坦的样子。《诗经·小雅·小弁》:"踧踧周道,鞫为茂草。我心忧伤,惄焉如捣。"形容平坦的大道。

【踧踖不安】踧踖(cùjí):恭敬不安的样子。语出《论语·乡党》"君在,踧踖如也。"清·夏敬渠《野叟曝言》第三十八回:"田氏踧踖不安,伸手出被,告罪请诊。"形容心情紧张而局促不安。

【窜端匿迹】窜、匿:隐藏。语出《楚辞·严忌》:"聊窜端而匿迹兮,嘆寂默而无声。"《淮南子·人间训》:"夫事之所以难知者,以其窜端匿迹,立私于公,倚邪于正,而以胜惑人之心者也。"意谓埋头匿足掩藏行踪或掩饰事由、真相。

【摧陷廓清】摧陷:摧毁。廓清:肃清,清除。唐·李汉《唐吏部侍郎昌黎先生韩愈文集序》:"呜呼!先生于文,摧陷廓清之功,比之武事,可谓雄师不常者矣!"攻陷敌人的阵地,彻底肃清敌人。也比喻彻底破除、肃清。

【翠被豹舄】翠被:用翡翠鸟的羽毛制成的背帔,"被"同"帔"。豹舄(xì):用豹皮制成的鞋。《左传·昭公十二年》:"雨雪,王皮冠,秦复陶,翠被豹舄,执鞭以出。"宋·王应麟《困学纪闻·左氏》:"楚之兴也,筚路蓝缕;其衰也,翠被豹舄。国家之兴衰,视其俭侈而已。"形容生活非常奢华。

【翠纶桂饵】翠纶:用翡翠鸟毛做的钓鱼线。桂饵:用桂花做的鱼食。语出宋·李昉等《太平御览》卷八百三十四引《阙子》:"鲁人有好钓者,以桂为饵,黄金之钩,错以银碧,垂翡翠之纶,其持竿处位即是,然其得鱼不几矣。故曰钓之务不在芳饰,事之急不在辩言。"南朝·梁·刘勰《文心雕龙·情采》:"固知翠纶桂饵,反所以失鱼。"比喻过分追求华美,不但收不到好的效果,反而会适得其反。

【存而不论】存:保存。论:讨论。《庄子·齐物论》:"六合之外,圣人存而不论;六合之内,圣人论而不议。"意谓把问题保留起来，暂时不加讨论。

【寸晷惟宝】 晷（guǐ）：日影，比喻时光。西晋·潘尼《赠陆机出为吴王郎中令》："昔子忝私，惠我蕙兰；今子徂东，何以赠旃。寸晷惟宝，岂无玙璠。彼美陆生，可与晤言。"形容一寸光阴一寸金，每一分光阴和时间都是宝贵的。

【寸木岑楼】 岑（cén）：小而高的山。岑楼：高而尖的楼。语出《孟子·告子下》："不揣其本而齐其末，方寸之木，可使高于岑楼。"宋·朱熹《四书集注》："若不取其下之平，而升寸木于岑楼之上，则寸木反高，岑楼反卑矣。"比喻高低悬殊。后指比较对象或比较方法不当而结论迥异，强调轻重、高下之比必须标准一致。

【寸阴若岁】 岁：年。《北史·韩禽传》："班师凯入，诚知非远。相思之甚，寸阴若岁。"日影移动一寸就像过了一年。形容时间消逝缓慢。比喻非常期待和盼望。

【厝火积薪】 厝（cuò）：放置。薪：柴火。语出《汉书·贾谊传》："夫抱火厝之积薪之下，而寝其上，火未及燃，因谓之安，方今之势，何以异此。"比喻隐藏着极大的祸患。

D

【大醇小疵】 醇：纯正。疵：缺点；不足。语出唐·韩愈《读荀子》："孟子，醇乎醇者也。荀与扬，大醇而小疵。"宋·姜夔《白石道人诗说》："不知诗病，何由能诗；不观诗法，何由知病。名家者各有一病，大醇小疵差可耳。"比喻大体纯正，略有缺点。

【大辂椎轮】 辂（lù）：古代车前的横木。大辂：华美的大车。椎轮：无辐的车轮。语出南朝·梁·萧统《文选序》："若夫椎轮为大辂之始，大辂宁有椎轮之质？"清·沈惟贤《万国演义序》："然大辂椎轮之功，不可泯也。"华美的大车是从无辐车轮的原始车发展而来的。比喻事物的进化、发展是由简到繁、从粗到细的。也用以称颂创始者。

【大酺三日】 酺（pú）：聚会饮酒。语出《三国志·魏书·文帝纪》："饶安县言白雉见。"裴松之注引《魏书》："赐饶安田租，勃海郡百户牛酒，大酺三日。"意谓帝王为表示欢庆，特许民间大聚饮三天。后形容大规模庆贺。

【大业未集】 集：完成，成功。语出《尚书·武成》："惟九年，大统未集，予小子其承厥志。"形容事业未获成功。

【丹黄甲乙】 丹黄：赤黄色。甲乙：次第，优劣。清·钱谦益《葛端调编次诸家文集序》："句读之不析，文理之不通，而俨然丹黄甲乙，衡加于经传，不已傎乎！"意谓点校书籍，评定次第。

【丹漆随梦】 丹漆：朱红色的漆。语出南朝·梁·刘勰《文心雕龙·序志》："齿在逾立，则尝梦执丹漆之礼器，随仲尼而南行。"清·钱谦益《和遵王感怀述德四十韵》："丹漆应随梦，珠囊岂浪传。"

形容追随先哲。

【丹青之信】 丹：红色。青：青色。信：确实。《汉书·王莽传》"明告以生活丹青之信。"意谓红、青两色是不变的颜色。比喻事情已经明了，不可改变。也比喻讲究诚信，含有必然、不渝的意思。也形容一个人的业绩突出。

【丹阳布衣】 丹阳：地方名，现在江苏境内。布衣：古时老百姓只能穿麻布衣服，亦泛指平民百姓。唐·温庭筠《中书令裴公挽歌词》："丹阳布衣客，莲渚白头人。"指退隐不仕者。

【丹楹刻桷】 楹(yíng)：堂屋的柱子。桷(jué)：方形的椽子。语出《左传·庄公二十三年》："丹桓宫楹。"明·冯梦龙《东周列国志》第五十回："园中筑起三层高台，中间建起一座绛霄楼，画栋雕梁，丹楹刻桷，四周朱栏曲槛。"柱子漆成红色，椽子上雕着花纹。形容建筑精巧华丽。也比喻豪华出众。

【单醪投川】 单：通"箪"，瓢或酒器。醪(láo)：醇酒。投川：倒入河中。西晋·张协《七命》："单醪投川，可使三军告捷。"一瓢美酒倒入河里，让全军迎流共饮。比喻将领爱惜部下，与部下同甘共苦。

【殚见洽闻】 殚(dān)：尽。洽(qià)：广博。东汉·班固《西都赋》："元元本本，殚见洽闻，启发篇章，校理秘文。"形容广见博闻，知识渊博。

【当为秋霜，无为槛羊】 槛：关家畜的栅栏。《后汉书·广陵思王荆传》："荆书与东海王疆曰：'当为秋霜，无为槛羊。'"李贤注："秋霜肃杀于物，槛羊受制于人。"应当成为秋霜而不是栅栏中的羔羊。意谓做事要有主见，不能受制于人，任人摆布。

【倒持泰阿】 泰阿(ē)：宝剑名。《汉书·梅福传》："至秦则不然，张诽谤之罔，以为汉驱除，倒持泰阿，授楚其柄。"倒拿着宝剑，把剑柄交给别人。比喻轻率地把大权授予别人，自己反受其害。

【道殣相枕】道殣（jìn）：饿死在道路上。相枕：彼此枕藉。清·郑观应《救时揭要·救济速报》："明年大饥，道殣相枕，张馨家以糜粥济之，活者万计。"道路上到处都是饿死的人。形容灾荒、战乱的惨状。

【道路以目】以目：用目光交流、示意。《国语·周语上》："厉王虐，国人谤王。召公告王曰：'民不堪命矣！'王怒，得卫巫，使监谤者，以告，则杀之。国人莫敢言，道路以目。"熟人在路上相遇，不敢交谈，只能用眼神示意。形容百姓慑于暴政，敢怒不敢言。

【道三不着两】道：说话。着：接触。清·吴敬梓《儒林外史》第十六回："老爹而今有些害发了，说的话道三不着两的。"说话中三句倒有两句不着边际。形容说话颠三倒四。

【羝羊触藩】羝（dī）：指公羊。触：抵撞。藩：篱笆。《周易·大壮》："羝羊触藩，羸其角，不能退，不能遂。"公羊角钩在篱笆上。比喻进退两难。

【涤瑕荡秽】涤：洗涤。瑕：白玉上的斑点，喻缺点。荡：清除，涤荡。秽：污秽，喻恶习。东汉·班固《东都赋》："于是百姓涤瑕荡秽，而镜至清。"比喻清除缺点、恶习和污秽。

【抵掌而谈】抵（dǐ）掌：击掌，表示高兴。《战国策·秦策一》："见说赵王与华屋之下，抵掌而谈，赵王大悦。"形容谈得十分投机，气氛很融洽。

【砥砺廉隅】砥砺（dǐlì）：磨炼。廉：廉洁。隅（yú）：角落，靠边的地方。廉隅：品行端正。《礼记·儒行》："近文章，砥砺廉隅。"意谓磨炼节操而使品行端正。

【谛分审布】谛：仔细。审：周密，审慎。宋·秦观《奇兵》："奕者之斗棋也，谛分审布，失其守者逐而攻之。"意谓仔细察看分布情况。

【雕肝掐肾】雕：雕琢，比喻苦心思考。掐：卡住，比喻刻意用功。清·冯桂芬《寄丁中丞粤中》："雕肝掐肾亦小技，非公所喜非我为。"比喻写作过程中的刻意锤炼。

【雕文刻镂】文：花纹。镂：雕刻。《汉书·景帝纪》："雕文刻镂，伤农事者也；锦绣纂组，害女红者也。农事伤则饥之本也，女红害则寒之原也。"在宫室、用具上雕刻镂花。比喻不务实际，只重表面虚荣光鲜，而劳民伤财之至。

【雕玉双联】雕玉：用玉雕成，形容华美、工巧。双联：律诗中相对偶的两句。语出唐·白居易《江楼夜吟元九律诗成三十韵》："寸截金为句，双雕玉成联。"比喻诗文对句工整精巧。

【吊民伐罪】吊：慰问。伐：讨伐。语出《孟子·滕文公下》："诛其罪，吊其民，如时雨降，民大悦。"明·罗贯中《三国演义》第三十一回："丞相兴仁义之兵，吊民伐罪，官渡一战，破袁绍百万之众，正应当时殷馗之言，兆民可望太平矣。"慰问受苦的人民，讨伐有罪的统治者。

【鼎鱼幕燕】鼎：古代炊具，三足两耳。幕：帐篷。语出南朝·梁·丘迟《与陈伯之书》："而将军鱼游于沸鼎之中，燕巢于飞幕之上，不亦惑乎？"《元史·外夷传》："鼎鱼幕燕，危在旦夕。"游弋在沸鼎之中的鱼儿，筑巢于帷幕上的燕子。比喻处于极其危险的境地而不自知。

【冬暖夏清】暖：温暖。清（qìng）：清凉，寒冷。语出《礼记·曲礼》："凡为人子之礼，冬暖而夏清。"意谓儿女侍奉父母要无微不至，冬天为其温热被窝，夏天为其扇凉卧席。比喻人子之孝道。也指冬暖夏凉的居住环境。

【冬日可爱】冬日：冬天的太阳。可爱：温暖。语出《左传·文公七年》"酆舒问于贾季曰：'赵衰、赵盾孰贤？'对曰：'赵衰，冬日之日也。赵盾，夏日之日也。'"杜预注："冬日可爱，夏日可畏。"

如同冬天里的太阳那样使人感到温暖、亲切。形容人和蔼可亲。

【冬箑夏裘】箑(shà)：扇子。裘：毛皮的衣服。语出《淮南子·精神训》："知冬日之箑，夏日之裘，无用于己，则万物之变为尘埃矣。"冬天使用扇子，夏天穿着毛皮服装。比喻不合时宜。

【冬山如睡】冬山：冬日的山岭。语出宋·郭熙《林泉高致·山水训》："真山水之烟岚，四时不同：春山澹冶而如笑，夏山苍翠而如滴，秋山明净而如妆，冬山惨淡而如睡。"形容冬天山林沉寂静穆的景象。

【动罔不吉】罔(wǎng)：无，没有。吉：吉利。《尚书·咸有一德》："非天私我有商，惟天佑于一德；非商求于下民，惟民归于一德。德惟一，动罔不吉；德二三，动罔不凶。惟吉凶不僭在人，惟天降灾祥在德。"所作所为没有不吉利的。形容非常顺利。

【动中窾要】中(zhòng)：切中，打中。窾(kuǎn)：空处，中空。要：要害。语出《庄子·养生主》："依乎天理，批大郤，导大窾。"《清史稿·世增传》："文书往复，惟家铭随方应付，动中窾要，历任总督皆倚重之。"言谈举止切中要害。比喻能抓住问题的关键。

【都俞吁咈】都(dōu)：赞美。俞：同意。吁(xū)：不同意。咈(fú)：反对。语出《尚书·益稷》："禹曰：'都！帝，慎乃在位。'帝曰：'俞！'"《尚书·尧典》："帝曰：'吁！咈哉！'"都、俞、吁、咈四字皆为古汉语叹词，以为可则曰都曰俞，以为否则曰吁曰咈。后以此指君臣论政问答、气象雍睦之情形。

【斗而铸锥】锥：一头尖锐用来扎孔的工具。铸锥：锻造武器。《黄帝内经素问·四气调神大论》："是故圣人不治已病治未病，不治已乱治未乱，此之谓也。夫病已成而后药之，乱已成而后治之，譬犹渴而穿井，斗而铸锥，不亦远乎？"临到打仗才去铸造武器。比喻事到临头才想办法。

【笃初诚美】笃：诚厚，认真。初：开端。诚：确实，的确。南朝·梁·周兴嗣《千字文》："笃初诚美，慎终宜令。荣业所基，籍甚无竟。学优登仕，摄职从政。存以甘棠，去而益咏。"意谓任何事情，有好的开端固然很好，但还必须始终如一，坚持到底。

【笃新怠旧】笃：重视。怠：怠慢。明·吴承恩《〈留思录〉序》："人情多笃新怠旧，而况违隔二年，遥遥五千里外，而民之歌之，犹邠人之思古公也。"喜欢新的，厌弃旧的。

【蠹啄剖梁柱】蠹（dù）：蛀虫。剖：破开。《淮南子·人间训》："祸生而不蚤灭，若火之得燥，水之得湿，浸而益大。痛疽发于指，其痛遍于体。故蠹啄剖梁柱，蚊虻走牛羊，此之谓也。"蛀虫虽小，日夜侵蚀，也能够毁坏梁柱。比喻忽视微小的有害因素，会引起大祸。也指事故或灾难刚一发生就要立刻防止。

【惇悫纯信】惇（dūn）：敦厚，厚道。悫（què）：诚实。《韩非子·诡使》："惇悫纯信，用心怯言。"形容忠厚老实，纯朴诚信。

【钝学累功】钝：迟钝，笨拙。不锋利。累（lěi）功：积累成效，长期坚持见功效。北齐·颜之推《颜氏家训·文章》："钝学累功，不妨精熟。"意谓愚笨之人只要刻苦学习并能坚持下去，也能取得成就。

【多藏厚亡】藏：收藏，此指聚财。厚：重，大。亡：损失。语出《老子·第四十四章》："是故甚爱必大费，多藏必厚亡。"意谓聚财过多而不能周济别人，必定引起众怨，最终会损失更大。

【多端寡要】端：头绪。要：要领。西晋·陈寿《三国志·魏书·郭嘉传》："袁公（绍）徒欲效周公之下士，而未知用人之机，多端寡要，好谋无决，欲与共济天下大难，定霸王之业，难矣！"头绪太多而不得要领。形容优柔寡断。

【咄嗟立办】咄嗟（duōjiē）：主人呼唤仆人的声音，带有侮辱性。语出南朝·宋·刘义庆《世说新语·汰侈》："石崇为客作豆粥，咄嗟便办。"清·无名氏《杜诗言志》:"是故为山九仞,可以篑土积成;峻宇雕墙,可以咄嗟立办。"形容时间短。比喻马上就办到。

【夺气褫魄】褫(chǐ):夺去。东汉·张衡《东京赋》:"罔然若酲,朝罢夕倦,夺气褫魄之为者,忘其所以为谈,失其所以为夸。"薛综注:"惘然如神夺其精气,又若魂魄亡离其身。"被夺去精气和魂魄。形容失魂落魄的样子。

【度德量力】度(duó):估量,计算。量:衡量,估计。语出《左传·隐公十一年》:"度德而处之,量力而行之。"意谓为人处世要衡量自己的德行是否能够服人,估计自己的能力是否能够胜任。

E

【鹅鸭谏议】 谏议：劝谏，议论。明·田汝成《西湖游览志余·委巷丛谈》："绍兴乙卯，以旱祷雨。谏议大夫赵霈上言：'自来祈祷断屠，止禁猪羊，今后请并禁鹅鸭。'时胡致堂在西掖，见之，笑曰：'可谓鹅鸭谏议矣。闻房中有龙虎大王，当以鹅鸭谏议当之。'"意谓提一些无关痛痒、鸡毛蒜皮之类的建议。也讥讽人卑微琐末。

【恶紫夺朱】 恶：厌恶，反感。紫：紫色，古人认为紫是杂色。夺：乱。朱：大红色，古人认为红是正色。语出《论语·阳货》："恶紫之夺朱也，恶郑声之乱雅乐也，恶利口之覆邦家者。"元·贾仲名《对玉梳》第三折："据此贼情理难容，伤时务，坏人伦，罪不容诛；一心待假红倚翠，论黄数黑，恶紫夺朱。"比喻以邪胜正、以异端充当正理。

【二缶钟惑】 缶（fǒu）、钟：古代量器，一缶为四斛，一钟为八斛。惑：困惑，迷惑。《庄子·天地》："以二缶钟惑，而所适不得矣。"王先谦集解："缶钟皆量器，缶受四斛，钟受八斛。以二缶钟惑，谓不辨缶钟所受多寡。持以为量，芒乎无从适从矣。"分不出缶、钟两种盛器容量的大小。比喻是非不分。

【二旬九食】 旬：十天为一旬。九食：九顿饭。语出西汉·刘向《说苑·立节》："子思居于卫，缊袍无表，二旬而九食。"二十天中仅吃过九顿饭。形容生活极其贫困。

F

【发短心长】 发短：指年老。心长：智谋深。语出《左传·昭公三年》："齐侯田于莒，卢蒲嫳见，泣且请曰：'余发如此种种，余奚能为。'公曰：'诺，吾告二子。'归而告之。子尾欲复之，子雅不可，曰：'彼其发短而心甚长，其或寝处我矣。'九月，子雅放卢蒲嫳于北燕。"头发稀少，心计很多。比喻年老而智谋高深。

【发昏章第十一】 发昏：昏头昏脑。明·施耐庵《水浒传》第二十六回："只见头在下、脚在上，倒撞落在当街心里去了，跌得个'发昏章第十一'！"仿效古书"某某章第几"的形式而成的一种风趣口语。形容头脑发昏且程度较深。

【发奸擿伏】 发、擿（tī）：揭发。奸：指奸邪之人。伏：指隐瞒的坏事。《汉书·赵广汉传》："尤善为钩距以得事情……其发奸擿伏如神，皆此类也。"《后汉书·法雄传》："善政事，好发奸擿伏，盗贼稀发，吏人畏爱之。"善于揭发隐匿的坏人坏事。形容吏治精明。

【发蒙振落】 发蒙：把遮盖在物品上的东西揭开。振落：把将要掉落的树叶摇掉。《史记·汲黯传》："好其谏，守节死义，难惑以非。至如说丞相弘，如发蒙振落耳。"比喻做事轻而易举，不费力气。

【发扬蹈厉】发扬：奋发。蹈：踏地。厉：猛烈，有力。《礼记·乐记》："发扬蹈厉，太公之志也。"原指周初《武》乐的舞蹈动作，象征太公望辅助周武王伐纣时勇往直前的意志。后比喻精神振奋，意气风发。

【饭糗茹草】饭、茹（rú）：吃。糗（qiǔ）：干粮。草：野菜。《孟子·尽心下》："舜之饭糗茹草也，若将终身焉。"吃干粮和野菜。形容生活非常清苦。

【防意如城】意：指欲念。如城：如同拒敌守城。唐·释道世《法苑珠林》："藏六如龟，防意如城，慧与魔战，胜则无患。"意谓遏止私欲之萌，有如守城防敌。

【飞苍走黄】苍：苍鹰。黄：黄犬。东晋·葛洪《抱朴子·金丹》："其所营也，非荣则利。或飞苍走黄于中原，或留连杯觞以羹沸。"宋·苏轼《江城子·密州出猎》："老夫聊发少年狂，左牵黄，右擎苍，锦帽貂裘，千骑卷平冈。为报倾城随太守，亲射虎、看孙郎。"放出苍鹰和猎犬。指打猎。

【飞刍挽粟】飞：飞快。刍（chú）：喂牲畜的草，饲料。挽：拉车或牵船。粟：泛指粮食。《汉书·主父偃传》："又使天下飞刍挽粟。"意谓迅速地赈济别人。

【飞遁鸣高】飞遁（dùn）：指隐退。鸣高：自命清高。语出三国·魏·曹植《七启》："隐居大荒之庭，飞遁离俗，澄神定灵。"清·刘鹗《老残游记》第六回："昨儿听先生鄙薄那飞遁鸣高的人，说道：'天地生才有限，不宜妄自菲薄。'"形容远离尘俗，自命清高。

【飞觥献斝】觥（gōng）：古代用兽角做的酒器。斝（jiǎ）：古代酒器名。语出元·杨梓《豫让吞炭》第三折："则为你诛夷了俺主公，夺了天下，锯的他死尸骸做飞觥走斝。"清·曹雪芹《红楼梦》第一回："二人归坐，先是款酌慢饮，渐次谈至兴浓，不觉飞觥献斝起来。"形容饮酒时传杯送盏、觥筹交错的情形。

【飞将数奇】 飞将：指西汉时李广，匈奴称其为飞将军。数：命运，命数。奇（jī）：不好。语出《史记·李将军列传》："大将军青亦阴受上诫，以为李广老，数奇，毋令当单于，恐不得所欲。"清·王士禛《西江月·咏史》："次公已作岸头侯，飞将数奇不偶。"意谓李广运气不佳，命运不好。比喻能人境遇不理想。

【飞谋荐谤】 谋：阴谋。荐：进，进献。谤：恶意攻击别人，说别人的坏话。语出唐·韩愈《司徒兼侍中中书令赠太尉许国公神道碑铭》："二寇患公居间，为己不利，卑身佞辞，求与公好，荐女请昏，使日月至；既不可得则飞谋钓谤，以间染我。"清·曾国藩《毕君殉难碑记》："忌君者日以次骨飞谋荐谤，迭相污染。"意谓用流言蜚语阴相攻讦。

【飞鸟惊蛇】 惊：惊吓。语出宋·周越《法书苑》："唐时一僧释亚楼善草书，曾自题一联：'飞鸟入林，惊蛇入草。'"像鸟儿出林飞翔，如受惊的蛇窜入草丛。比喻草书自然流畅。

【飞声腾实】 飞：飞扬。声：名声。腾：上升。实：实际。《周书·邵惠公颢等传论》："自古受命之君及守文之主，非独异姓之辅也，亦有骨肉之助焉。其茂亲则有鲁卫、梁楚，其疏属则有凡蒋，荆燕，咸能飞声腾实，不泯于百代之后。"意谓名声和实际都好。

【飞土逐肉】 土：泥丸。肉：指鸟兽。语出《吴越春秋·勾践阴谋外传》："古歌曰：'断竹续竹，飞土逐害'之谓也。"清·纪昀《阅微草堂笔记·滦阳续录五》："夫飞土逐肉，儿戏之常。"抛掷土丸捕捉禽兽。形容古代先民猎取食物的场景。

【飞熊入梦】 飞熊：长了翅膀会飞的熊。语出《六韬·文师》："文王将田，史编布卜曰：'田于渭阳，将大得焉。非龙、非彲，非虎、非罴，兆得公侯，其遗汝师，以之佐昌，施及三王。'"明·冯梦龙《东周列国志》第十八回："髯翁有诗曰：'短褐单衣牧竖穷，不逢尧舜遇桓公。自从叩角歌声歇，无复飞熊入梦中。'"原指周文王梦飞熊而得太公望。后比喻圣主得贤臣的征兆。

【飞檐反宇】飞檐：屋檐上翘，其角更加突出，犹如飞翼。反宇：屋檐上仰起的瓦头。语出东汉·张衡《西京赋》："反宇业业，飞檐献献。"北魏·杨衒之《洛阳伽蓝记·高阳王寺》："白壁丹楹，窈窕连亘。飞檐反宇，轇轕周通。"屋檐上翘，瓦头仰起。形容楼阁、宫殿高建筑外形精巧美观。

【非钱不行】非：没有。不行：办不成事。唐·张鷟《朝野佥载》："郑愔为吏部侍郎，掌选，赃污狼籍。引铨，有选人系百钱于靴带上。愔问其故，答曰：'当今之选，非钱不行。'愔默而不言。"没有钱就办不成事。讥刺贪官纳贿、勒索。

【非日非月】非：无论。日：白昼。月：月夜。《荀子·赋篇》："爰有大物，非丝非帛，文理成章。非日非月，为天下明。"南朝·陈·徐陵《为贞阳侯与王僧辨书》："非日非月，苍生仰其照临；如云如雨，天下蒙其恩荫。"不论白天还是月夜。形容不分昼夜。后引申为颂扬显贵、歌功颂德之辞。

【非夷非惠】夷：殷末周初的伯夷，不食周粟。惠：春秋时鲁国的柳下惠，曾三次罢官不就。《南史·渔父传》："乃歌曰：'竹竿籊籊，河水浟浟。相忘为乐，贪饵吞钩。非夷非惠，聊以忘忧。'"非伯夷又非柳下惠，处于两者之间。后用为隐逸不仕之典。

【非异人任】异人：别人。任：责任。《左传·襄公二年》："郑成公疾，子驷请息肩于晋。公曰：'楚君以郑故，亲集矢于其目，非异人任，寡人也。若背之，是弃力与言，其谁昵我？'"责任不在别人而在自己。表示某事应由自己负责。

【非意相干】意：故意。干（gān）：冒犯。《晋书·卫玠传》："玠尝以人有不及，可以情恕；非意相干，可以理遣，故终身不见喜愠之容。"意谓遭受不是故意的冒犯。

【非愚则诬】 愚：愚昧。诬：诬蔑。《庄子·秋水》："盖师是而无非，师治而无乱乎？是未明天地之理，万物之情者也。是犹师天而无地，师阴而无阳，其不可行明矣。然且语而不舍，非愚则诬也。"不是愚昧无知，就是存心骗人。多指某一主张、言论决无可成立之理。

【蜚英腾茂】 蜚（fēi）：通"飞"。英：指名声。腾：飞扬。茂：指实际。语出《史记·司马相如列传》："俾万世得激流扬微波，蜚英声，腾茂实。"清·陈廷敬《韩仰斗传》："韩仰斗，字仲济。沁水生员，通政公范之仲子也。性孝友悫诚，方洁狷介。言笑不苟，取与必谨。髫年补博士弟子员，蜚英腾茂，人咸称为翩翩佳公子。"赞誉人的名声与事业日盛。

【匪躬之节】 躬：指自己的利益。节：节操，操守。语出《周易·蹇》："王臣蹇蹇，匪躬之故。"唐·韩愈《争臣论》："居无用之地，而致匪躬之节。"形容不顾自身利益而尽忠王室的节操。

【匪愚伊耄】 耄（mào）：年老，引申为昏乱、糊涂。伊：此为语气词。唐·柳宗元《敌戒》："纵欲不戒，匪愚伊耄。我作戒诗，思者无咎。"形容不是愚蠢就是昏庸。

【分香卖履】 履：鞋子。语出西晋·陆机《〈吊魏武帝文〉序》："余香可分与诸夫人，诸舍中无所为，学作履组卖也。"宋·李清照《金石录后序》："取笔作诗，绝笔而终，殊无分香卖履之意。"指曹操临死前嘱咐将珍贵的香料分给诸位夫人，要求各房妻妾学做鞋子变卖。形容人临死时舍不得丢下妻子儿女，对其生活作出安排。

【丰亨豫大】 亨：通达。豫：和顺。语出《周易·丰》："丰，亨，王假之。"《周易·豫》："豫大有得，志大行也。"《宋史·蔡京传》："时承平既久，帑庾盈溢，京倡为丰亨豫大之说，视官爵财物如粪土，累朝所储扫地矣。"形容富足隆盛的太平安乐景象。后多指好大喜功、奢侈挥霍。

【丰取刻与】丰：多。刻：刻薄，严苛。与：给。《荀子·君道》："上好贪利，则臣下百吏乘是而后丰取刻与，以无度取于民。"大量地夺取，极少地给予。形容剥削掠夺的残酷。也形容贪婪而吝啬。

【锋镝余生】锋：刀锋。镝（dí）：箭镞。语出《史记·秦楚之际月表》："堕坏名城，销锋镝，锄豪桀，维万世之安。"意谓从刀箭下逃生或经过战乱而活下来。

【蜂虿作于怀袖】蜂、虿（chài）：均指有毒刺的虫。作：发作。《晋书·刘毅传》："臣闻猛兽在田，荷戈而出，凡人能之。蜂虿作于怀袖，勇夫为之惊骇，出乎意外故也。"比喻出乎意料的惊吓、受伤。

【蜂屯蚁杂】屯：成群地集聚在一起。杂：混合在一起。唐·韩愈《送郑尚书序》："蛮夷悍轻，易怨以变，……撞搪呼号，以相和应，蜂屯蚁杂，不可爬梳。"蜂和蚁杂居在一起。形容环境纷纭杂乱。

【凤凰晒翅】晒翅：唐代酷吏所设的刑罚之名。语出《新唐书·酷吏列传》："元礼揣旨，即上书言急变，召对，擢游击将军，为推使。即洛州牧院为制狱……又横木关手足转之，号'晒翅'。"明·冯梦龙《醒世恒言·李汧公穷邸遇侠客》："犊子悬车可畏，驴儿拔橛堪哀！凤凰晒翅命难挨，童子参禅魂摔。"指古代有着美好名称的酷刑。

【佛口蛇心】佛口：佛的嘴巴。蛇心：蛇蝎的心肠。清·钱彩《说岳全传》第七十回："我面貌虽丑，心地却是善良，不似你佛口蛇心。"形容人满口慈悲但心肠恶毒。

【佛头着粪】佛头：指佛像的头。粪：粪便。语出宋·释道原《景德传灯录·湖南如会禅师》："崔相公入寺，见鸟雀于佛头上放粪，乃问师曰：'鸟雀还有佛性也无？'师曰：'有。'崔曰：'为什么向佛头上放粪？'师曰：'是伊为什么不向鹞子头上放？'"

意谓佛性慈善，在其头上放粪也不计较。后多比喻将不好的东西放在好东西上面，亵渎、玷污了好的东西。

【跗萼连晖】 跗萼（fūè）：花萼与子房，喻指兄弟。《周书·李贤传赞》："遂得任兼文武，声彰内外，位高望重，光国荣家，跗萼连晖，椒聊繁衍。冠冕之盛，当时莫比焉。"比喻兄弟均贵显荣耀。

【弗求弗迪】 迪：任用，进用。《诗经·大雅·桑柔》："维此良人，弗求弗迪。"毛传："迪，进也。"郑玄笺："良，善也。国有善人，王不求索，不进用之。"意谓对于那些善人、贤者不去寻求，便不会引进、任用。

【伏而咶天】 伏：趴。咶（shì）：同"舐"，用舌头舔东西。《荀子·仲尼》："辟之是犹伏而咶天，救经而引其足也。"趴在地上用舌头舔天。比喻所做与所求不一致。有背道而驰之意。

【浮家泛宅】 浮、泛：漂，漂浮。《新唐书·张志和传》："居江湖，自称烟波钓徒。颜真卿为湖州刺史，志和来谒，真卿以舟敝漏，请更之。志和曰：'愿为浮家泛宅，往来苕、霅间耳。'"漂泊在水上的家宅。意谓在水上生活，以船为家。也比喻生活漂泊不定。

【浮岚暖翠】 浮岚：飘浮在山林间的雾气。暖翠：青翠的景色。宋·欧阳修《庐山高》："欲令浮岚暖翠千万状，坐卧常对乎轩窗。"形容山林云雾缭绕的美好景色。

【浮石沉木】 浮石：分量重的石头浮上了水面。沉木：分量轻的木头沉下水底。西汉·陆贾《新语·辨惑》："夫众口之毁誉，浮石沉木，群邪所抑，以直为曲。"比喻是非颠倒。

【浮语虚辞】 浮语：不实在、没有根据的话。虚辞：浮夸不实之言。东汉·班固《东观汉记·隗嚣》："光武赐嚣书曰：'吾年已三十余，在兵中十岁，所更非一，厌浮语虚辞耳。'"指不切实际的大话、空话。

【浮云朝露】浮云：飘浮的云彩。朝露：清晨的露水。《周书·萧大圜传》："嗟乎！人生若浮云朝露，宁俟长绳系景，实不愿之。执烛夜游，惊其迅迈。"浮云易散，朝露易干。比喻时光易逝，人生短促，世事无常。

【福过灾生】过：过度，过头。《晋书·庾亮传》："小人禄薄，福过灾生，止足之分，臣所宜守。"享福过度就会产生灾祸。意谓乐极生悲。

【辅车相依】辅：人的颊骨。车：牙床。《左传·僖公五年》："谚所谓'辅车相依，唇亡齿寒'者，其虞、虢之谓也。"颊骨和齿床互相依靠。比喻两者关系密切，相互依存。

【负贵倨傲】负贵：倚仗权势。倨傲：神气傲慢的样子。语出《史记·魏其武安侯列传论》："武安负贵而好权，杯酒责望，陷彼两贤。"西晋·陈寿《三国志·吴书·孙綝传》："綝迁大将军，假节，封永宁侯，负贵倨傲，多行无礼。"形容自恃地位高贵而傲慢凌人。

【负石赴河】负：背负。赴：投身进去。语出《庄子·盗跖》："申徒狄谏而不听，负石自投于河，为鱼鳖所食。"抱着石头跳进黄河。比喻必死之决心。

【负险不宾】负：依仗。险：地势险要。宾：服从，归顺。《晋书·陶璜传》："夷帅范熊世为逋寇，自称为王，数攻百姓。且连接扶南，种类猥多，朋党相倚，负险不宾。"形容利用险恶地势而不臣服。

【负重致远】负：背负。致：到达。语出《周易·系辞下》："服牛乘马，引重致远，以利天下，盖取所善。"西晋·陈寿《三国志·蜀书·庞统传》："陆子可谓驽马有逸足之力，顾子可谓驽牛能负重致远也。"背着沉重的东西走远路。比喻能肩负重任，敢于担当。

【附骥攀鸿】 骥：千里马。鸿：大雁。语出西汉·王褒《四子讲德论（并序）》："夫蚁虹终日经营，不能越阶序，附骥尾则涉千里，攀鸿翮则翔四海。"宋·李廷忠《谢陈中书举升陟》："衔环结草，未足酬咳唾之恩；附骥攀鸿，尚许借飞腾之势。"比喻依附他人以成名。后多用为谦辞。

【附赘悬疣】 附赘：附生在皮肤上的肉瘤。悬疣：皮肤上突起的瘊子，"悬"古同"县"。《庄子·骈拇》："附赘县疣，出乎形哉而侈于性。"南朝·梁·刘勰《文心雕龙·镕裁》："骈拇枝指，由侈于性，附赘悬疣，实侈于形。"比喻多余无用之物。

G

【改曲易调】 改：改变。易：更换。西晋·陈寿《三国志·魏书·蒋济传》："臣窃亮陛下潜神默思，公听并观，若事有未尽于理而物有未周于用，将改曲易调，远与黄唐角功，近昭武文之迹，岂近习而已哉！"比喻改变策略或做法。

【甘受诟厉】 诟（gòu）厉：斥骂。清·龚自珍《病梅馆记》："予本非文人画士，甘受诟厉，辟病梅之馆以贮之。"意谓甘心乐意承受斥骂。

【干父之蛊】 干（gàn）：承担，从事。蛊：事业。《周易·蛊》："干父之蛊。有子考，无咎，厉终吉。"王弼注："以柔巽之质，干父之事，能承先轨；堪其任者也，故曰'有子也'。"意谓儿子能够继承父志，完成父亲未竟之业。

【高步云衢】 高步：阔步，大步。云衢：云中大路，比喻显赫之位及仕途顺达。《晋书·郗诜阮仲等传论》："郗诜等并韫价州里，袖然应招，对扬天问，高步云衢。求之前哲，亦足称矣。"比喻官居显位，或科举得中，步入仕途。

【高材疾足】 高材：才能高超。疾足：迈步快疾。《史记·淮阴侯列传》："秦失其鹿，天下共逐之，于是高材疾足者先得焉。"意谓才高而行动迅捷。形容人才能出众。

【高门容驷】 容：容纳。语出《汉书·隽疏于薛平彭传》："始，定国父于公，其门坏，父老方共治之。于公谓曰：'少高大间门，令容驷马高盖车。我治狱多阴德，未尝有所冤，子孙必有兴者。'至定国为丞相，永为御史大夫，封侯传世云。"形容住宅气派，门庭高大，四马高车都能进出。比喻终究要显达、高升。

【高明妇人】高明：见识高明，贤淑通达。妇人：古时称士的配偶。《魏书·李孝伯传》："孝伯妻崔赜女，高明妇人，生一子元显。"旧时形容有见识、非同寻常的妇女。

【高睨大谈】睨（nì）：视，眼睛看着上面。语出《后汉书·张衡传》："方将师天老而友地典，与之乎高睨而大谈。"清·黄宗羲《蒋氏三世传》："平居爱客置酒，雅歌投壶，高睨大谈，终日不倦"。形容人气概不凡，举止言论不同流俗。

【高下在心】 高下：比喻伸与屈。《左传·宣公十五年》："天方授楚，未可与争。虽晋之强，能违天乎？谚曰：'高下在心。'"杜预注："度时制宜。"《后汉书·何进传》："今将军总皇威，握兵要，龙骧虎步，高下在心，此犹鼓洪炉燎毛发耳。"意谓做事斟酌，根据情况作出决定。后形容随心所欲，操纵自如。

【膏唇拭舌】膏：用油脂涂抹。拭：擦，抹。《后汉书·宦者吕强传》："群邪项领，膏唇拭舌，竞欲咀嚼，造作飞条。"润滑嘴唇，拭净舌头。意谓用话语打动人。多指谗毁之言。

【杲杲日出】杲杲（gǎogǎo）：明亮的样子。《诗经·卫风·伯兮》："其雨其雨，杲杲日出。愿言思伯，甘心首疾。"形容太阳之姿、之容。也比喻蓬勃的人生和充满生命力的事物。

【告朔饩羊】 朔：每月初一。饩（xì）羊：古代用为祭品的羊，比喻礼仪。语出《论语·八佾》："子贡欲去告朔之饩羊，子曰：'赐也！尔爱其羊，我爱其礼。'"古时天子在年终时将来年历书颁给诸侯，诸侯将之藏在祖庙。每月朔日以活羊告祭于庙，然后听政。原指鲁国自文公起不再亲自到祖庙告祭，只是杀一只羊应付一下。后比喻照例应付，敷衍了事。

【隔二偏三】①隔：隔膜。偏：偏见。明·兰陵笑笑生《金瓶梅词话》第二十回："他爹这两日隔二偏三的，也甚是没意思。"意谓想法上有隔膜、有偏见。②隔：隔开。偏：偏远。明·兰陵笑笑生《金瓶梅词话》第七十九回："这边隔二偏三，不是个待人的。"意谓地方偏远不便。

【隔皮断货】隔皮：隔着包装或表皮。断：判断。清·李海观《歧路灯》第八回："不是为他中了举，便说深远。只是那光景儿，我就估出来六七分。兄弟隔皮断货，是最有眼色的。"隔着包装能判断出货物的好坏。意谓凭着表象推测内在。

【隔屋撺椽】隔屋：隔开屋子。撺（cuān）：抛掷。椽：椽子，放在檩上架着屋顶的木条。元·乔吉《两地姻缘》第一折："有那花木瓜长安少年，他每不斟量隔屋撺椽。"隔着屋子掷椽子。比喻办不到或不自量力的事情。

【各倾陆海】倾：倾洒。陆：此处指西晋文学家陆机。语出南朝·梁·钟嵘《诗品》："陆（机）才如海，潘（岳）才如江。"唐·王勃《滕王阁序》："请洒潘江，各倾陆海云尔。"请众人尽情挥洒与潘岳、陆机一样如江似海的文采。也用于表示自谦。

【梗泛萍漂】梗：断梗。萍：浮萍。元·张国宾《罗李郎》第二折："只为他孤身去梗泛萍飘，撇的俺三口儿梦断均魂劳。"断梗、浮萍在水中漂浮。比喻漂泊流离。

【更仆难数】更：更换。仆：仆人。数（shǔ）：说。语出《礼记·儒行》："遽数之不能终其物，悉数之乃留，更仆未可终也。"明·徐宏祖《徐霞客游记·粤西游日记》："西五里，直抵五峰南，则乱峰尖叠，什伯为伍，横变侧移，殆更仆难数。"换了几班侍者，而宾主的话仍旧说个没完。形容人或事物繁多，数也数不过来。

【攻过箴阙】箴阙（zhēnquē）：过失。东晋·葛洪《抱朴子·汉过》："进则切辞正论，攻过箴阙；退则端诚杜私，知无不为者。"意谓指责过错、针砭缺失。

【攻苦食淡】攻：专心做某事。《史记·刘敬叔孙通列传》："吕后与陛下攻苦食淡，其可背哉。"意谓做着劳累辛苦的事，吃的是粗茶淡饭。形容不求享乐，辛勤自勉。

【宫邻金虎】宫邻：帝王左右亲幸之人。语出东汉·张衡《东京赋》："周姬之末，不能厥政，政用多僻，始于宫邻，卒于金虎。"李善注引东汉·应劭《汉官仪》："宫邻金虎，言小人在位，比周相进，与君为邻，贪求之德坚若金，谗谤之言恶如虎也。"形容奸佞之臣接近、包围帝王的情形。

【钩深致远】钩：钩取。致：招致。《周易·系辞上》："探赜索隐，钩深致远，以定天下之吉凶，成天下之亹亹者，莫大乎蓍龟。"物在深处，能钩取之；物在远方，能招致之。比喻探索深奥的道理或治学的广博精深。

【钩章棘句】钩：弯曲。棘：带刺的草木。唐·韩愈《贞曜先生墓志铭》："及其为诗，刿目鉥心，刃迎缕解，钩章棘句，掐擢胃肾，神施鬼设，间见层出。"形容写作时字斟句酌之艰苦。也比喻文辞艰涩奇僻。

【钩辀格磔】辀（zhōu）：车辕。磔（zhé）：鸟鸣声。唐·李群玉《九子坡闻鹧鸪》："正穿屈曲崎岖路，更听钩辀格磔声。"形容鹧鸪的鸣叫声。后也形容听不懂的方言等。

【苟合取容】苟合：苟且附和。取容：取悦，讨好。语出《史记·朱建传》："行不苟合，义不取容。"《报任少卿书》："四者无一遂，苟合取容，无所短长之效，可见于此矣。"苟且迎合，取悦于人。形容阿谀奉承，附合时势，以求容身、荣达。

【狗吠非主】吠（fèi）：狗叫。非主：不是其主人。语出《史记·淮阴侯列传》："蹠之狗吠尧，非尧不仁，狗因吠非其主。"狗朝着不是自己主人的人叫。比喻人臣各忠其主。

【骨肉相诒】 相诒（yí）：互相欺骗。东汉·徐幹《中论·考伪》："其流于世也，至于父盗子名，兄窃弟誉，骨肉相诒，朋友相诈。"父亲盗取儿子的名声，兄长窃取弟弟的声誉。意谓亲人、朋友之间互相欺骗。

【瓜皮搭李树】 搭：搭配。宋·韦居安《梅磵诗话》："泉南林洪字龙发，号可山，肆业杭泮，粗有诗名。理宗朝上书言事，自称为和靖（逋）七世孙；冒杭贯，取乡荐，刊中兴以来诸公诗，号《大雅复古集》，亦以己作附于后。时有无名子作诗嘲之曰：'和靖当年不娶妻，只留一鹤一童儿；可山认作孤山种，正是瓜皮搭李树。'盖俗云：以强认亲族者为'瓜皮搭李树云'。"把瓜皮搭李树上。形容将毫不相干之人强认作亲戚。

【瓜剖豆分】 剖：剖开。分：分开。语出南朝·宋·鲍照《芜城赋》："出入三代，五百余载，竟瓜剖而豆分。"《南史·陈武帝纪》："自八纮九野，瓜剖豆分；窃帝偷王，连州比县。"像瓜被剖开，如豆从荚中裂出。比喻国土被分割。

【刮肠洗胃】 刮：用刀子去掉物体表面的东西。洗：清洗。语出《南史·荀伯玉传》："若许某自新，必吞刀刮肠，饮灰洗胃。"宋·范浚《送赵安伯县丞之任婺源》："绿林豪客为蒲伏，刮肠洗胃投戈殳。"比喻痛改前非，重新做人。

【寡见鲜闻】 鲜（xiǎn）闻：很少听到。西汉·王褒《四子讲德录》："俚人不知，寡见鲜闻。"意谓见闻少，经历不多。

【观往知来】 观：观察。往：以往。来：将来。语出《列子·说符》："是故圣人见出以知入，观往以知来，此其所以先知之理也。"观察过去，知道未来。意谓认真研究过去就能有效推测未来。

【观隅反三】 隅：角落。北魏·郦道元《〈水经注〉序》："进无访一知二之机,退无观隅反三之慧。"从一件事情可以类推而知道其他许多事情。形容举一反三。

【鳏鱼渴凤】 鳏(guān):鳏夫,指无妻或丧妻的男人。唐·李商隐《李夫人歌》之三:"清澄有余幽素香,鳏鱼渴凤真珠房。"比喻独身的男子急于求得配偶。

【管城毛颖】管城、毛颖:均为毛笔的代称。语出唐·韩愈《毛颖传》"毛颖者,中山人也,……秦皇帝使恬赐之汤沐,而封诸管城,号曰管城子,日见亲宠任事。颖为人强记而便敏……累拜中书令,与上益狎,上尝呼为中书君,……颖与绛人陈玄、弘农陶泓及会稽褚先生友善,相推致,其出处必偕。"北宋《宣和画谱·墨竹》:"平居之时无所嗜好,独左右图书与管城毛颖相周旋。"毛笔的代称。

【管窥筐举】管:从小孔或缝隙里看。西晋·陈寿《三国志·蜀书·郤正传》:"夫人心不同,实若其面,子虽光丽,既美且艳,管窥筐举,守厥所见,未可言八肱之形埒,信万事之精练为也。"从竹管中观看,用竹筐盛东西。比喻学识浅陋,见识不广。

【管仲随马】 随:跟随。语出《韩非子·说林上》:"管仲、隰朋从于桓公而伐孤竹,春往冬返,迷惑失道。管仲曰:'老马之智可用也。'乃放老马而随之,遂得道。"管仲在老马的带领下走出迷途。比喻尊重前人的经验。也比喻有经验的人能起带头作用。多用于自谦。

【光前裕后】 光前:光大前业。裕后:遗惠后代。语出《尚书·仲虺之诰》:"王懋昭大德,建中于民,以义制事,以礼制心,垂裕后昆。"明·李贽《答耿司寇书》:"世人之所以光前裕后者,无时刻而不系念。"使前代增光,为后人造福。称赞别人功业隆盛。

【归马放牛】 归:回归。放:放牧。语出《尚书·武成》:"乃偃武修文,归马于华山之阳,放牛于桃林之野,示天下弗服。"

孔颖达疏:"此是战时牛马,故放之,示天下不复乘用。"周武王灭商后,天下太平,把作战用的牛马放于山林。比喻战争结束。

【龟龄鹤算】 龟、鹤:乌龟和仙鹤,均为长寿之物。宋·侯寘《水调歌头·为郑子礼提刑寿》:"坐享龟龄鹤算,稳佩金鱼玉带,常近赭黄袍。"比喻人之长寿。也用作祝寿之词。

【龟毛兔角】 龟毛:乌龟没有毛。兔角:兔子没有角。宋·苏辙《答孔平仲》:"龟毛兔角号空虚,既被无收岂是无?自有真无遍诸有,灯光何碍也嫌渠。"形容不可能存在或有名无实的东西。

【规矩准绳】 规、矩:画圆形和方形的两种工具。准绳:水准和绳墨,量平直的工具。《孟子·离娄》:"圣人既竭目力焉,继之以规矩准绳;以为方员平直,不可胜用也。"指应当遵循的法度、规则、标准。

【规求无度】 规求:贪求。度:限度。《左传·昭公二十六年》:"侵欲无厌,规求无度;贯渎鬼神,慢弃刑法。"一味贪求,频频索取,没有限度。形容贪得无厌。

【规贤矩圣】 规、矩:画圆形和方形的两种工具。贤、圣:指谓品德高尚、有超凡才智的人。宋·叶适《〈覆瓿集〉序》:"长铺广引,浩绝河汉,渠不起其辨!规贤矩圣,皎逾雪霜,渠不范其廉。"意谓以圣贤为榜样,效法效行。

【轨躅清晏】 轨躅(zhú):车行的痕迹,指行经之路。晏(yàn):平静,安定。南朝·梁·沈约《齐故安陆昭王碑文》:"轨躅清晏,车徒不扰。牛酒日至,壶浆塞陌。"形容行经之处平静、无扰。

【佹得佹失】 佹(guǐ):偶然。语出《列子·力命》:"佹佹成者,俏成者也,初非成也;佹佹败者,俏败者也,初非败也。"意谓事之成败有"忽而""时而"之意。比喻偶然得之,偶然失之。也指有得有失。

【鬼出电入】鬼：鬼火。电：闪电。《淮南子·原道》："雷声雨降，并应无穷，鬼出电入，龙兴鸾集。"出现与消失如鬼火与闪电般迅急。形容变幻神速。

【鬼设神使】设：设计。使：差遣。宋·陈亮《念奴娇·登多景楼》："鬼设神使，浑认作，天限南疆北界。"意谓天造地设，非人力所能就。

【贵不召骄】召：导致。骄：骄横，自高自大。语出《尚书·周官》："位不期骄，禄不期侈。"唐·杜牧《岐阳公主墓志铭》："贵不召骄，富不期侈，是此四者，倏相首尾。"意谓显贵之人尽管不希望自己染上骄恣专横的习气，但它往往就会发生、滋长。

【贵耳贱目】贵：重视。贱：轻视。语出东汉·张衡《东京赋》："若客所谓末学肤受，贵耳而贱目者也。"北齐·颜之推《颜氏家训·慕贤》："世人多蔽，贵耳贱目。"意谓重视听来的传闻，而轻视亲眼所见的事实。

【贵冠履，轻头足】头足：头与脚。语出《淮南子·泰族训》："法之生也，以辅仁义，今重法而弃义，是贵其冠而忘其头足也。"重视帽子和鞋子，而忘了头和脚。比喻轻本重末，本末倒置。

【衮实无阙】衮(gǔn)：古代君王的礼服。阙(quē)：缺，缺失。典出《诗经·大雅·烝民》："衮职有阙，唯仲山甫补之。"《北史·李彪传》："亲虔宗社者，先王之敬也；衮实无阙者，先皇之德也。"衮衣无损坏。比喻帝王治理无过失。

【郭隗请始】郭隗(wěi)：战国时燕国人。语出《战国策·燕策一》："今王诚欲致士，先从隗始；隗且见事，况贤于隗者乎？岂远千里哉？"任用贤才请从郭隗开始。后泛指贤士自我举荐。

【过化存神】过：经过。存：保存；具有。语出《孟子·尽心上》："夫君子所过者化，所存者神，上下与天地同流。"朱熹注："圣人过化存神之妙，未易窥测。"意谓圣人具盛德，其所经之处，人无不被感化,并永远受其精神影响。

【过颐豕视】 过颐:大颐,即所谓耳后见腮。豕视:像猪俯目偷窥的样子。《战国策·齐策一》:"太子相不仁,过颐豕视。若是者信反。"形容邪恶不正、凶恶的容貌。

H

【海岱清士】海岱：东海与泰山之间的地方，引申为海内。清士：海内的清廉、高洁之士。南朝·宋·刘义庆《世说新语·赏誉》："人所应有，其不必有；人所应无，已不必无。真海岱清士。"指海内的清正高洁的人士。

【海立云垂】海立：海水竖立，直立。垂：耷拉下来，低垂。语出唐·杜甫《朝献太清宫赋》："九天之云下垂，四海之水皆立。"清·阮元《蒋士铨传》："又如洞庭君吹笛，海立云垂，实足开拓心胸，推倒豪杰。"比喻文辞雄伟，有气势，可以压倒一切。

【海水群飞】群飞：海水狂乱地涌起。西汉·扬雄《太玄经·剧》："海水群飞，终不可语也。"意谓四海不靖，国家不安宁。

【海屋添筹】海屋：寓言中堆存记录沧桑变化筹码的房间。筹：筹码，这里指计算沧桑变化的工具。语出宋·苏轼《东坡志林》卷二："海水变桑田时，吾辄下一筹，迩来吾筹已满十间屋。"元·沈禧《一枝花·寿人八十》："庄庭椿老枝偏盛，海屋筹添数倍增。"多用于祝人长寿。

【寒蝉僵鸟】寒蝉：冬天的知了不鸣。僵鸟：冻僵的鸟。清·李渔《慎鸾交·心归》："诗朋同游胜景，怎做得寒蝉僵鸟，反舌无声！"寒天的蝉，冻僵的鸟。比喻默不作声的人。

【寒蝉仗马】寒蝉：冬天的知了不鸣。仗马：皇宫仪仗中的立马。

语出《新唐书·李林甫传》："君等独不见立仗马乎？终日无声而饫三品刍豆，一鸣则黜之矣。"清·欧阳巨源《〈官场现形记〉序》："明达之士岂故为寒蝉仗马哉？慭之于心，故慎之于口耳。"像皇宫门外的立仗马和寒天的知了一样。比喻缄口不语的人。也比喻一句话也不敢说。

【罕譬而喻】罕：稀少，罕见。譬：比喻，比方；譬如。喻：说；了解。比方。《礼记·学礼》："其言也，约而达，微而臧，罕譬而喻，可谓继志矣。"意谓少用譬喻却说得容易为人理解。形容话说得明白。

【汉人煮箦】汉人：陕西汉中地区的一个人。箦(zé)：席子，床席。语出三国·魏·邯郸淳《笑林》："汉人有适吴，吴人设笋，问是何物，语曰：'竹也！'归煮其床箦而不熟，乃谓其妻曰：'吴人辘辘，欺我如此！'"指仅有肤浅的知识，生搬硬套而不认真学习真知的荒唐行为。

【汉书下酒】汉书：东汉班固所撰史书。下酒：就着菜把酒喝下去。语出宋·龚明之《中吴纪闻》卷二：宋诗人苏舜钦嗜酒，每夜要饮一斗，不要菜肴。他岳父感到奇怪，一次见他在读《汉书》，读到张良行刺秦始皇未中，拍案叹息，饮酒一大杯。读到张良、刘邦君臣际遇，感慨兴奋，又饮一大杯。岳父大笑道：有这种的下酒物，一夜饮一斗酒实在不算多。清·孔尚任《桃花扇》："且把抄本赐教，权当汉书下酒罢。"把读书当作下酒菜（物）。用于称扬倾心读书。也比喻借助某书或某物助兴或消遣。

【合则留，不合则去】合：投合。去：分开。宋·苏轼《范增论》："增年已七十，合则留，不合则去。不以此时明去就之分，而欲依项羽以成功名，陋也。"脾气相投或意见一致，就在一起共事，反之则离开。

【合樽促席】合樽：共同饮酒。促席：坐席相互靠近。西晋·左思《蜀都赋》："合樽促席，引满相罚。乐饮今夕，一醉累月。"形容集聚一堂饮酒欢乐。

【河清海晏】 河：黄河。海：沧海。晏：平静，安定。唐·顾况《八月五日歌》："率土普天无不乐，河清海晏穷寥廓。"黄河水清，海不扬波。比喻太平盛世。

【河清难俟】 河清：黄河水清。俟（sì）：等待，俟机。语出《左传·襄公八年》："《周诗》有之曰：'俟河之清，人寿几何？'"西晋·左思《白发赋》："皤皤荣期，皓首田里。虽有二毛，河清难俟。"相传黄河千年一清，而人寿有限。比喻时久难耐。

【盍往观之】 盍（hé）：何不，为什么。往：去，到……去。明·袁宏道《百花洲》："百花洲在胥、盘二门之间。余一夕从盘门出，道逢江进之，问：'百花洲花盛开否？盍往观之。'余曰：'无他物，惟有二三十粪艘，鳞次绮错，氤氲数里而已矣。'进之大笑而别。"意谓为什么不去那里看看。

【衡石程书】 衡：秤。石：重量单位，古代以一百二十斤为一石。程：通"呈"，指一定数量的砝码，此指一天一百二十斤。语出《史记·秦始皇本纪》："天下之事无大小皆决于上，上至以衡石量书，日夜有呈，不中呈不得休息。"宋·李纲《建炎进退志·总叙》："近君子而远小人，虽不亲务，大功可成；不然，虽衡石程书，卫士传餐，亦无益也。"指秦始皇勤政，事无大小都亲自处理。当时的文书写在简上，秦始皇每天让人用秤称量一定重量的文书，规定自己必须批阅完成后才能休息。形容国君勤于国政。

【闳中肆外】 闳（hóng）：博大。中：指内容。肆：豪放，不受拘束。外：指文辞、笔法。语出唐·韩愈《昌黎集·进学解》："先生之于文，可谓闳其中而肆其外矣。"宋·卫宗武《秋声集》："李杜以天授之才，闳中肆外，穷幽极渺。"形容文章的内容蕴蓄宏富而用笔豪放，气势非凡。

【洪炉点雪】洪：大。宋·王质《大慧禅师〈正法眼藏〉序》："余夜宿金山之方丈，不得寐，信手而抽几案文书，得此阅之，至洪炉点雪，恍然非平时之境。"在大火炉里放一点雪，顷刻便融化。比喻领悟极快或疑问迅速消除。

【鸿都买第】鸿都：汉代藏书之所。第：科第，泛指通过科举考试获得官职的人。语出《后汉书·崔寔传》："灵帝时，开鸿都门，榜卖官爵，公卿州郡下至黄绶，各有差。"清·吴伟业《赠陆生》："君不见鸿都买第归来客，驷马轩车胡辟易。"泛指卖爵鬻官、买官行贿之类。

【鸿飞冥冥】鸿：大雁，鸿雁。冥冥：星空。西汉·扬雄《法言·问明》："治则乱，乱则隐。鸿飞冥冥，弋人何篡焉。"鸿雁向遥远的星空飞去。比喻摆脱羁绊，远离祸害。也比喻隐者的高远踪迹。

【鸿渐于干】鸿：大雁，鸿雁。干（gàn）：求取，追求职位俸禄。《周易·渐》："初六：鸿渐于干，小子厉，有言，无咎。……六二，鸿渐于磐，饮食衎衎，吉。……九三，鸿渐于陆，夫征不复，妇孕不育，凶。"意谓依次而进，渐至高处。形容入仕途而发展。

【鸿乙满纸】鸿：大雁，鸿雁。乙（yǐ）：燕子。明·沈德符《野获编·吏部·异途任用》："比收卷，则鸿乙满纸或仅数行，或戏为俚词，以寓嘲谑。"形容书写潦草，随意涂抹。

【狐埋狐搰】搰（hú）：挖，掘出。语出《国语·吴语》："夫谚曰：'狐埋之而狐搰之，是以无成功。'"狐性多疑，刚把东西埋在地下，旋即又挖出来看看。比喻疑心过度，做事难成。

【狐媚猿攀】媚：谄媚，讨好。攀：攀缘，高攀。明·刘体乾《财用诎乏恳乞圣明节省疏》："其间狐媚猿攀，途辙不一；蝇营狗窃，窠曰且多，臣不能悉奉。"像狐狸那样善于迷惑人，如猿猴那样善于攀爬。比喻不择手段地追逐名利。

【狐凭鼠伏】凭：凭借。伏：躲藏。明·张景《飞丸记·公馆言情》：

"山居草宿,狐潜鼠伏,将略胜孙吴,军势振颇牧。"像狐狸、老鼠那样凭借掩体潜伏,不敢出来。形容坏人失势,胆怯躲匿。

【狐裘羔袖】 裘:毛皮衣服。羔:小羊,小羊皮。语出《左传·襄公十四年》:"右宰谷从而逃亡,卫人将杀之。辞曰:'余不说初矣,余狐裘而羔袖。'乃赦之。"杜预注:"言一身为善,唯少有恶。"清·黄裳《载酒园诗话·林逋》:"林处士泉石自娱,笔墨得湖山之助……惜带晚唐风气,未免调卑句弱,时有狐裘羔袖之恨。"狐皮贵于羊羔皮,狐皮大衣却以羊皮作袖。比喻大体还好,略有不足。

【狐死首丘】 首丘:头朝着山丘。《淮南子·说林训》:"鸟飞反乡,兔走归窟,狐死首丘,寒将翔水,各哀其所生。"传说狐狸如果死在外面,其头必朝向出生的山丘。比喻不忘本或对故国、故乡的思念。

【狐听之声】 听:指用耳朵去辨别声音。语出北魏·郦道元《水经注·河水》引《述征记》:"冰始合,车马不敢过,要须狐行,云此物善听,冰下无水乃过,人见狐行方渡。"北齐·颜之推《颜氏家训·书证》:"狐之为兽,又多猜疑,故听河冰无流水声,然后敢渡。"意谓狐狸的听觉灵敏,能辨别冰下水流之声。

【胡肥钟瘦】 胡、钟:指胡昭、钟繇,都是三国时的著名书法家。唐·张彦远《法书要录》:"三国魏刘德升字君嗣,以造行书擅名,胡昭、钟繇并师其法,而胡书体肥,钟书体瘦,亦各有君嗣之美。"胡昭的字体肥,钟繇的字体瘦。形容书法各具风格,各擅其美。

【胡孙入袋】 胡孙:同"猢狲",猴子。宋·欧阳修《归田录》:"梅圣俞诗名三十年,终不得一馆职,初受敕修《唐书》,语妻曰:'吾之修书,可谓胡孙入袋矣!'"猴子进了口袋。比喻中计而行动失去自由。

【鹄面鸟形】 鹄(hú):天鹅。语出《南史·侯景传》:"江南大饥,旱蝗相系,年谷不登,百姓流亡,死者涂地……其绝粒久者鸟面鹄形。"元·王恽秋《眉庵集·桂林与蒋张二指挥观兵》："扶羸载瘠总南逋,鹄面鸟形犹努力。"形容面容憔悴,身体瘦弱。

【瑚琏之器】瑚、琏:皆宗庙礼器,古代祭祀时盛放黍稷。语出《论语·公冶长》："子贡问曰:'赐也何如?'子曰:'女器也'。曰:'何器也?'曰:'瑚琏也。'"唐·李华《卢郎中斋居记》:"公以瑚琏之器为郎官,以干将之断宰赤县。"指人特别有才能,可以担当大任。比喻治国的才能。

【虎饱鸱咽】饱、咽:饱食,吞咽。鸱(chī):鹞鹰。西汉·桓宽《盐铁论·褒贤》:"当世嚣嚣,非患儒之鸡廉,患在位者之虎饱鸱咽,于求览无所孑遗耳。"如虎之残暴,如鸱之贪得。比喻贪官污吏凶狠无餍。

【虎尾春冰】虎尾:老虎尾巴。春冰:春天来临即将融化的薄冰。语出《尚书·君牙》:"心之忧危,若蹈虎尾,涉于春冰。"宋·朱熹《择之所和生字韵语极警切次韵谢之兼呈伯崇》:"不是讥诃语太轻,题诗只要警流情。烦君属和增危惕,虎尾春冰寄此生。"踩在老虎的尾巴上,踏在春天的薄冰上。比喻极其危险或极其危险的境地。

【虎啸风生】虎啸:猛虎吼叫。风生:起风。《北史·张定和传论》:"虎啸风生,龙腾云起,英贤奋发,亦各因时。"猛虎长啸,大风四起。比喻英雄豪杰乘时奋起,勇毅有为。

【虎掷龙拏】掷(zhì):扔。拏(ná):同"拿",抓。金·元好问《楚汉战处同钦叔赋》:"虎掷龙拏不两存,当年曾此睹乾坤。一时豪杰皆行阵,万古河山自壁门。"比喻群雄相争。

【琥珀拾芥】琥珀:植物化石。芥(jiè):小草,引申为轻微细小之物。语出东汉·王充《论衡·乱龙》:"顿牟拾芥,磁石引针。"孔颖达疏:"亦有异类相应者,若磁石引针,琥珀拾芥。"琥珀磨擦后生电,能吸引轻微之物。比喻相互感应。

【华屋山丘】华屋：美丽的房屋。山丘：土山。三国·魏·曹植《箜篌引》："盛时不可再，百年忽我遒，生存华屋处，零落归山丘。"壮丽的建筑化为一堆土丘。比喻兴亡盛衰的迅速。

【画沙聚米】画沙：指汉代大将军张千秋在沙上画地图。聚米：汉代名将马援于帝前聚米为山谷，指画形势及用兵作战等。清·钱谦益《李秀东六十寿序》："（余）与之规舆图，讲战守，画沙聚米，方略井然。"在沙上画地图，聚米为山谷。形容指画军事形势，运筹决策。

【怀瑾握瑜】握：攥在手里，引申为掌握。瑾、瑜：都为美玉。战国·楚·屈原《九章·怀沙》："怀瑾握瑜兮，穷不知所示。"比喻人具有纯洁而高尚的美德。

【黄茅白苇】黄茅：盐碱地带生长出来的茅草。白苇：不成材的芦苇。宋·陈亮《送王仲德序》："最后章、蔡诸人以王氏之说一之，而天下靡然，一望如黄茅白苇之连错矣。"连片生长的黄色茅草和白色芦苇。比喻清一色的平庸之人或事物。

【黄雀伺蝉】伺：守候，观察。语出西汉·刘向《说苑·正谏》："园中有树，其上有蝉。蝉高居悲鸣饮露，不知螳螂在其后也。螳螂委身曲跗欲取蝉，而不知黄雀在其旁也。黄雀延颈欲啄螳螂，而不知弹丸在其下也。"南朝·梁·萧绎《荆州放生亭碑》："譬如黄雀伺蝉，不知随弹应至。"形容只见眼前之利而不知后患。也比喻祸近其身，危在旦夕。

【黄小中丁老】黄：三岁以下。丁：十八岁以上。《隋书·食货志》："男女三岁已下为黄，十岁已下为小，十七岁已下为中，十八岁已上为丁。丁从课役，六十为老，乃免。"古代课税、征徭役，以年龄分。此为隋唐以来人口统计分类的标准，旨在统计各类人口的数字，以确定课税制度。

【黄杨厄闰】黄杨：杨木名。厄：困苦。闰：闰年。宋·苏轼《监洞霄宫俞康直郎中所居四咏》："园中草木春无数,只有黄杨厄闰年。"旧说黄杨遇闰年不仅不长,还要缩短。比喻人的境遇困顿。

【回黄转绿】 回、转:都表示变化不定。古乐府《休洗红》："回黄转绿无定期,世事反复君所知。"树叶由绿变黄,由黄变绿。原指时令的变迁。后比喻世事的反复。

【浑金璞玉】 浑:天然的,淳朴的。璞玉:包在石中尚未雕琢之玉。语出南朝·宋·刘义庆《世说新语·赏誉》："王戎目山巨源如璞玉浑金,人皆钦其宝,莫知名其器。"唐·白居易《除孔戣等官制》："浑金璞玉,方圭圆珠,虽性异质殊,皆国宝也。"未经提炼的金,未经雕琢的玉。比喻人的品质纯真朴实。

【浑俗和光】 浑俗:与世俗混同。和光:混合各种光彩。语出《老子·第五十六章》："挫其锐,解其忿;和其光,同其尘。"元·王实甫《西厢记》："俺先人甚的是浑俗和光,真一味风清月朗。"比喻不露锋芒,与世无争。也比喻无能,不中用。

【火中生莲】 莲:多年生草本植物,生浅水中。《维摩诘经·佛道品》:"火中生莲华,是可谓稀有,在欲而行禅,稀有亦如是。"从火中生长出的莲花。意谓深陷火坑,遭遇不幸,但能洁己不毁。比喻稀有难得的事物。也比喻虽身处烦恼之中而能得到解脱,达至清凉世界。

【祸生有胎】 胎:指孕育于母体尚未出生的幼体、胚胎,也指事物的初始状态或根源。西汉·枚乘《上书谏吴王》:"福生有基,祸生有胎;纳其基,绝其胎,祸何自来?"意谓灾祸的发生有其根由、起因。

【蠖屈求伸】 蠖(huò):尺蠖爬行时身体一屈一伸。语出《周易·系辞下》:"尺蠖之屈,以求信也。"唐·王勃《梓州飞乌县白鹤寺碑》:"或鹏垂待运,终燮道于中台;或蠖屈求伸,且毗凤于下邑。"比喻人屈身退隐,待时而发。

J

【击碎唾壶】 击：敲打。唾壶：古代的痰盂。语出《晋书·王敦传》："每酒后辄咏魏武帝《乐府歌》曰：'老骥伏枥，志在千里。烈士暮年，壮心不已。'以如意打唾壶为节，壶边尽缺。"形容对文学作品的极度赞赏。后也形容抒发壮怀或不平之情。

【鸡虫得失】 鸡虫：鸡啄虫，鸡啄之虫。语出唐·杜甫《缚鸡行》："小奴缚鸡向市卖，鸡被缚急相喧争。家中厌鸡食虫蚁，不知卖鸡还遭烹。虫蚁于人何厚薄，吾叱奴人解其缚。鸡虫得失无了时，注目寒江倚山阁。"宋·周紫之《渔家傲》："遇坎乘流随分了，鸡虫得失能多少。"本指事物有得便有失，难以尽如人愿。后比喻无关紧要、不值得计较的细微得失。

【鸡廉狼吞】 鸡廉：指鸡虽然吃得少但吃食时总是乱刨乱挑。狼吞：如狼一样吞食，比喻贪婪。西汉·桓宽《盐铁论·褒贤》："不过高瞻下视，洁言污行，觞酒豆肉，迁延相让，辞小取大，鸡廉狼吞。"形容在小事情上表现得过分廉洁而在大事情或利益前则很贪婪的行为。

【鸡豚之息】 豚（tún）：小猪，也泛指猪。息：利息。《后汉书·冯衍传》："夫伐冰人之家，不利鸡豚之息；委积之臣，不操市井小利。"李贤注："言食厚禄不当求小利也。"比喻微小的收益、小利。

【鸡鹜争食】 鹜（wù）：野鸡。鸡鹜：指平庸的人。战国·楚·屈原《卜居》："宁与骐骥亢轭乎？将随驽马之迹乎？宁与黄鹄比翼乎？将与鸡鹜争食乎？此孰吉孰凶，何去何从？"鸡鸭争夺食物。比喻庸俗的人争权夺利。

【积不相能】 积：经年累月，长期。能：和睦。语出《左传·襄公二十一年》："栾桓子娶于范宣子，生怀子，范鞅以其亡也，怨栾氏，故与栾盈为公族大夫而不相能。"《后汉书·吴汉传》："躬字子张，南阳人。初，其妻知光武不平之，常戒躬曰：'君与刘公积不相能，而信其虚谈，不为之备，终受制矣。'"意谓双方长期以来互不亲善、不和睦。

【积厚流广】 积：同"绩"，功业。语出《荀子·礼论》："故有天下者事七世，有一国者事五世，有五乘之地者事三世，有三乘之地者事二世，持手而食者不得立宗庙，所以别积厚者流泽广，积薄者流泽狭也。"《宋史·乐志》："积厚流广，德隆庆蓄。是则是绳，保我子孙。"意谓功业越深厚流传给后人的恩德越广。

【积微成著】 微：细微，微小。著：显著。《荀子·大略》："夫尽小者大，积微成著，德至者色泽洽，行尽而声问远。"意谓细微的事物积多积久了就会变得显著。

【积羽沉舟】 羽：鸟类身体表面的毛。舟：船。《战国策·魏策一》："臣闻积羽沉舟，群轻折轴，众口铄金，故愿大王之熟计之也。"意谓羽毛虽轻，堆积多了也能致船沉没。比喻轻可成重，积小患可致大灾。

【赍志而殁】 赍（jī）：怀抱着，带着。殁（mò）：死。语出南朝·梁·江淹《恨赋》："赍志没地，长怀无已。"宋·范浚《徐忠壮传》："议既格沮，兵不复出……而卒赍志以殁，义士所为悼叹者也。"意谓怀抱着未遂的志愿而死去。

【激薄停浇】 激：水受阴或震荡而飞溅，引申为冲刷。薄、浇：浇薄，指世情不厚道。《梁书·明山宾传》："（山宾）既售受钱，乃谓买主曰：'此牛经患漏蹄，治差已久，恐后脱发，无容不相语。'买主遽追取钱。处士阮孝绪闻之，叹曰：'此言足使还淳反朴，激薄停浇矣。'"形容振作人心，阻止并挽回不良的社会风气。

【及瓜而代】及：到，等到。代：替代，接替。《左传·庄公八年》："齐侯使连称、管至父戍葵丘。瓜时而往，曰：'及瓜而代。'期戍，公问不至。请代，弗许。故谋作乱。"到明年瓜熟之时派人来接替。形容任期已满，换人接手。

【极天际地】极：到达。际：接近。语出《礼记·乐记》："及夫礼乐之极乎天而蟠于地，行乎阴阳而通乎鬼神。"明·冯梦龙《喻世明言》卷二五："齐王曰：'据卿之功，极天际地，无可比者。'"上及天，下触地。形容极其盛大。也比喻无所不至、无所不及。

【亟疾苛察】亟：急切。疾：猛烈。苛：苛刻。察：细察。《史记·张释之冯唐列传》："且秦以任刀笔之吏，吏争以亟疾苛察相高。"意谓急剧猛烈，以苛刻烦琐为明察。

【疾言遽色】疾、遽（jù）：急速。《后汉书·刘宽传》："典历三郡，温仁多恕；虽在仓卒，未尝疾言遽色。"言语急速，神情暴燥。形容发怒时的表情、神态。

【瘠牛偾豚】瘠（jí）：瘦弱。偾（fèn）：压垮。豚（tún）：小猪，泛指猪。语出《左传·昭公十三年》："寡君有甲车四千乘在，虽以无道行之，必可畏也；况其率道，其何敌之有！牛虽瘠，偾于豚上，其畏不死？"杜预注："偾，仆也。"孔颖达疏："前覆曰仆。言牛倒豚上，豚必死也。言牛虽瘠者，谓鲁以晋为无德轻之，故以瘦牛自喻。"意谓瘦弱的牛也能把猪压垮。比喻强国虽德衰，兵临弱国，弱国必亡。形容以强欺弱。

【藉草枕块】藉（jiè）：垫。块：土块。语出《荀子·礼论》："齐衰苴杖，居庐食粥，席薪枕块，所以为至痛饰也。"清·曹雪芹《红楼梦》第六十四回："贾珍贾蓉此时为礼法所拘，不免在灵旁藉草枕块，恨苦居丧。"古人居父母之丧，要睡卧在柴草上，用土块当枕头，表示极度悲痛。

【蚑虱相吊】蚑(jǐ)：虱子的卵。虱：虱子。吊：慰问。《淮南子·说林训》："汤沐具而蚑虱相吊，大厦成而燕雀相贺。"蚑和虱相互怜悯。比喻自怜即将灭亡。

【计不旋踵】计：计谋，计策。旋：转动。踵(kuǐ)：举足一次，半步。《新唐书·孙伏伽传》："陛下举晋阳，天下响应，计不旋踵，大业以成。"形容计谋应验之神速。

【计日程功】程：计量，估算。功：成效。语出《礼记·儒行》："程功积事，惟贤以尽达之。"清·梁启超《中国法理学发达史论》："法治国虽进不必骤，而得寸进尺，计日程功。"意谓工作的进度，成效可以按日计算。形容进展快。

【济河焚舟】济：渡。焚：烧。《左传·文公三年》："秦伯伐晋，济河焚舟，取王官，及郊。晋人不出。"渡过河后把船烧掉。比喻有进无退，决一死战。

【济弱扶倾】济、扶：帮助。倾：倾覆。南朝·梁·周兴嗣《千字文》："桓公匡合，济弱扶倾。"意谓扶助贫弱和处境困难的人。

【稷蜂社鼠】稷：祭谷神的地方。社：祭土神的地方。西汉·韩婴《韩诗外传》："稷蜂不攻而社鼠不熏，非以稷蜂社鼠之神，其所托者善也。"谷神庙中的蜂，土神庙中的鼠。比喻仗势作恶的人。

【骥伏盐车】骥：骏马，千里马。伏：通"服"，拉车。语出《战国策·楚策四》："夫骥之齿至矣，服盐车而上太行，蹄申膝折，尾湛胕溃，漉汁洒地，白汗交流。"明·吾丘瑞《运甓记·辞亲赴任》："争奈尘埋，未逢鉴识，譬之剑沉丰狱，骥伏盐车。"意谓落魄的千里马只能拉车或驮载重物。比喻怀才不遇，处境困厄。

【加膝坠渊】加膝：抱坐在膝上。坠：故作"队"，落入。渊：深渊。语出《礼记·檀弓下》："今之君子，进人若将加诸膝，退人若将队诸渊。"清·钱谦益《王季木墓表》："肺肠太热,善善恶恶,或溢而为加膝坠渊,以贻小人口实。"喜欢就抱坐在膝上,不喜欢就推入深水中。比喻用人爱憎无常。

【家骥人璧】骥:骏马,千里马。璧:美玉的通称。明·胡应麟《诗薮·国朝下》:"穆庙时,寓内承平,荐绅韦布,操觚令简,家骥人璧,云集都下。"家中的千里马,人群中的珍宝。比喻优秀人才。

【戛戛乎其难哉】戛戛(jiájiá)乎:困难的样子。唐·韩愈《答李翊书》:"当其取于心而注于手也,惟陈言之务去,戛戛乎其难哉!"形容非常困难。

【艰难竭蹶】竭蹶(jiéjué):枯竭,多指资财缺乏。语出《荀子·儒效》:"故近者歌讴而乐之,远者竭蹶而趋之。"形容收入少,生活非常窘迫、困苦。

【兼年之储】兼年:两年或两年以上。储:积蓄。西晋·陈寿《三国志·魏书·胡质传》:"广农积谷,有兼年之储。"意谓两年或两年以上的储备粮食。

【兼权熟计】兼:兼顾。权:权衡,比较。熟:深入细致。计:考虑,衡量。语出《荀子·不苟》:"见其可欲也,则必前后虑其可害也者;而兼权之,熟计之,然后定其欲恶取舍。"清·朱寿朋《光绪朝东华录·十二年十月辛巳》:"与其为迁就之计,但顾目前,徒耗数百万之帑金。终归无济,曷若兼权熟计,早为久远之图。"形容全面衡量,深思熟虑。

【兼朱重紫】朱:红色的系印的丝带,指代官印。紫:腰间系印的丝带,指代高官显位。东晋·葛洪《抱朴子·任命》:"服冕乘轺,兼朱重紫,则若固有之,常如布衣。此至人之用怀也。"形容兼任很多显耀的官职。

【蒹葭倚玉】蒹葭(jiānjiā):没有长穗的芦苇。南朝·宋·刘义庆《世说新语·容止》:"魏明帝使后弟毛曾与夏侯玄并坐,时人谓蒹葭倚玉树。"芦苇倚靠着玉树。比喻一丑一美不能相比。也用作借别人光的客套话。

【蹇人上天】 蹇（jiǎn）人：脚跛的人。语出《后汉书·五行志一》："王莽末，天水童谣曰：'出吴门，望缇群。见一蹇人，言欲上天；令天可上，地上安得民！'时隗嚣初起兵于天水，后意稍广，欲为天子，遂破灭。嚣少病蹇。"原讽刺隗嚣足跛不可上天，想做皇帝也是妄想。后比喻无法办到的事。

【见素抱朴】 见：同"现"，呈现。素：没有染色的生丝。抱：持有。朴：没有加工过的原木。《老子·第十九章》："见素抱朴，少私寡欲。"呈现没有染色的生丝，持有没有加工过的原木。意谓现其本真，守其纯朴，不为外物牵累。也比喻合乎自然法则和社会法律。

【见兔顾犬】 顾：回头看。语出《战国策·楚策四》："臣闻鄙语曰：'见兔而顾犬，未为晚也；亡羊而补牢，未为迟也。'"清·刘坤一《复黎召民》："与其见兔顾犬，何如曲突徙薪，谋之于预乎！"看到野兔才回头叫唤猎犬追捕。比喻及时设法采取措施，进行补救。

【剑戟森森】 剑、戟（jǐ）：泛指武器。森森：寒冷逼人的样子。《北史·李义深传》："义深有当世才用，而心胸险峭，时人语曰：'剑戟森森李义深。'"比喻人城府深，心机多。

【讲信修睦】 修：建立；恢复。睦：和好，睦邻。脩睦：调整相互关系，使之亲密和睦。《礼记·礼运》："大道之行也，天下为公，选贤与能，讲信修睦。"意谓讲究信用，建立和睦关系。

【胶车逢雨】 胶车：用胶粘合的车。语出西汉·焦赣《易林》："胶车驾东，与雨相逢。五粲解堕，顿辀独宿。忧为身祸。"用胶水之类粘合起来的车，遇雨则不能行驶。比喻分化瓦解。

【胶柱鼓瑟】 柱：指瑟上架弦调音的柱子。瑟：古代的一种乐器。

语出《史记·廉颇蔺相如列传》:"赵王因以括为将,代廉颇。蔺相如曰:'王以名使括,若胶柱而鼓瑟耳。括徒能读其父书传,不知合变也。'赵王不听,遂将之。"用胶把柱粘住,再去弹奏,则音无从调节。比喻拘泥而不知变通。

【椒聊繁衍】椒:花椒,又名山椒。聊:语气助词。繁衍:生长众多。语出《诗经·唐风·椒聊》:"椒聊之实,蕃衍盈升。"花椒的果实很多,自古以来就是多子多孙、儿孙满堂的象征。比喻子孙繁盛。

【矫讦沽激】 矫讦(jié):不怀好意地揭发。沽激:伪装真情骗取好感或荣誉。《宋史·谢深甫传》:"孝宗召见,深甫言:'今日人才,枨中伃外者多妄诞,矫讦沽激者多眩鬻。激昂者急于披露,然或邻于好夸;刚介者果于植立,而或邻于太锐;静退简默者寡有所合,或邻于立异。故言未及酬而已。'"意谓假装真诚的谏告,实为虚伪的恶意攻讦。

【阶前万里】阶前:前面的台阶。万里:指万里之外。语出宋·司马光《资治通鉴·宣宗大中十二年》:"冬十月,建州刺史于延陵入辞,上曰:'建州去京师几何?'对曰:'八千里。'上曰:'卿到彼为政善恶,朕皆知之,勿谓其远!此阶前则万里也,卿知之乎?'"远在万里之外却如同在阶前。形容相隔虽远犹在眼前。

【桀溺长沮】 桀溺(jiénì):春秋时楚国的一位避世隐者。长沮(chángjǔ):春秋时楚国的一位避世隐者。语出《论语·微子》:"长沮、桀溺耦而耕。孔子过之,使子路问津焉。(桀溺)曰'……滔滔者,天下皆是也,而谁以易之,且尔与其从避人之士也,岂若从避世之士哉!'耰而不辍。"讽刺孔子为挽救西周制度所作的努力。后比喻避世隐居的高士或逃避世事的人。

【解衣推食】解:脱掉,解开。推:推让。语出《史记·淮阴侯传》:"汉王授我上将军印,予我数万众,解衣衣我,推食食我,言听计用,故吾得以至于此。"把自己穿着的衣服脱下来给别人穿,把正在吃的食物让给别人吃。形容慷慨地帮助别人,关切别人的生活。

【借交报仇】借:帮助。交:朋友情谊。《史记·郭解列传》:"(解)以躯借交报仇。"意谓舍身助人报仇。

【借书留真】借:借用,借阅。真:正本。语出《汉书·河间献王传》:"从民得善书,必为好写与之,留其真,加金帛赐以招之。"意谓借别人的书,抄写后留下正本,把抄本还给别人。

【金翅擘海】金翅:传说中的鸟名。擘(bāi):用手把东西分开或折断。宋·严羽《沧浪诗话·诗评》:"李杜数公如金翅擘海,香象渡河;下视郊岛辈,直虫吟草间耳。"比喻文辞气魄雄伟。

【金马碧鸡】金马:山名,在云南省昆明市东,山上有金马祠。碧鸡:山名,在云南省昆明市西南,山上有碧鸡祠。《汉书·王褒传》:"后方士言益州有金马碧鸡之宝,可祭祀致也,宣帝使褒往祀焉。褒于道病死,上闵惜之。"原指传说中的神明,古人以之作为祥瑞的征兆。后用作歌功颂德的谀词。

【金相玉质】相(xiàng):外貌,外表。质:本质,质地。东汉·王逸《〈离骚章句〉序》:"所谓金相玉质,百世无匹,名垂罔极,永不刊灭者矣。"形容人、事物或文章的外表和品质俱美。

【金针度人】金针:比喻秘法、诀窍。度:传授。语出唐·冯翊《桂苑丛谈·采娘》:"七夕夜陈香筵祈于织女。是夕梦云舆雨盖蔽空,驻车命采娘曰:'吾织女,祈何福?'曰愿乞巧耳。乃遗一金针长寸余,缀于纸上,置裙带中,令三日勿语。汝当奇巧。"金·元好问《论诗三首》:"鸳鸯绣了从教看,莫把金针空与人。"把高明的方法传授给别人。比喻授人某种技术、诀窍。

【矜纠收缭】矜(jīn):骄矜,自大。纠:纠缠。收:抢夺。缭(liáo):缠乱。《荀子·议兵》:"旁辟曲私之属为化而公,矜纠收缭之属为之化而凋。"形容骄傲、急躁、暴戾。

【矜壮死暴】 矜（jīn）：骄矜，自大。暴：突然，猛烈。唐·柳宗元《敌戒》："惩病克寿，矜壮死暴。纵欲不戒，匪愚伊耄。我作戒诗，思者无咎。"身体强壮的人往往会暴病而亡。意谓人不可倚仗自己身体强壮而对小毛小病掉以轻心。

【瑾瑜匿瑕】 瑾、瑜：均为美玉。匿：隐藏。瑕：玉上面的斑点，引申为缺点、过失。《左传·宣公十五年》："谚曰：'高下在心。'川泽纳污，山薮藏疾，瑾瑜匿瑕，国君含垢，天之道也。"美好的事物找不出瑕疵。意谓美好把瑕疵给吸收了。也比喻好中有差。

【进寸退尺】 进寸：进一寸。退尺：退一尺。语出《老子·第六九章》："用兵有言，吾不敢为主而为客，不敢进寸而退尺，是谓行无行。"唐·韩愈《上兵部李侍郎书》："薄命不幸，动遭谗谤，进寸退尺，卒无所成。"比喻所得者少而所失者多，得不偿失。

【进旅退旅】 旅：共同。《礼记·乐记》："今夫古乐，进旅退旅，和正以广。"形容队列共进共退而不杂乱。也指客居或旅行在外的人随众，自己没有什么主张。

【近水惜水】 近：靠近。宋·林洪《山家清事·泉源》："引泉之甘者之贮以缸。……又须爱护用之，谚云'近水惜水'，此实修福之事云。"虽然靠近水源，用水方便，但也很珍惜水。意谓不要因为容易得到而浪费。

【经明行修】 经：经学。明：明达。行：品行。修：美好。《汉书·王吉传》："左曹陈咸荐骏贤父子，经明行修，宜昌以厉俗。"形容学问精深、品德高尚的人。

【荆棘铜驼】 荆棘：丛生的多刺植物。铜驼：用铜铸制的骆驼，汉代置于洛阳宫门外。语出《晋书·索靖传》："靖先有先识远量，知天下将乱，指洛阳宫门铜驼，叹曰：'会见汝在荆棘中耳！'"清·黄遵宪《术闻》："荆棘铜驼心上泪，觚棱金爵劫余灰。"

多用以慨叹山河破碎、世乱荒凉。

【兢兢切切】兢兢：小心谨慎的样子。切切：深切的样子。语出《诗经·小雅·小旻》："战战兢兢，如临深渊，如履薄冰。"宋·释普济《五灯会元·洛浦元安禅师》："问：'万丈悬崖撒手去，如何免得丧于身时如何？'师曰：'须弥系藕丝。'曰：'是何境界？'师曰：'刹竿头上仰莲心。'曰：'恁么则湛湛澄澄去也。'师曰：'须弥顶上再翻身。'曰：'恁么则兢兢切切去也。'"形容谨慎恐惧、小心翼翼。

【井渫不食】渫（xiè）：疏通。《周易·井》："井渫不食，为我心恻。"王弼注："渫，不停污之谓也。"孔颖达疏："井渫而不见食，犹人修己全洁而不见用。"井水洁净清澈但不被饮用。比喻人洁身自持，虽有才德而不为人知或不为所用。

【景行维贤】景行：崇高光明的德行。维贤：与贤德相连。南朝·梁·周兴嗣《千字文》："景行维贤，克念作圣。德建名立，形端表正。"意谓要仰慕效仿圣贤的德行。

【径情直遂】径情：任性，随意。遂（suì）：成功。语出《鹖冠子·著希》："夫义节欲而治，礼反情而辨者也。故君子弗径情而行也。"《礼记·檀弓下》："有直情而径行者。"意谓随着意愿，没有曲折地取得。

【久束湿薪】束：捆束。薪：柴火（草）。清·梁启超《〈饮冰室合集〉自叙》："而彼久束湿薪之大多数人，犹或曰：'吾秦人而子语我以越之肥瘠也。'"长期捆着的潮湿柴草。比喻思想保守，不易接受新事物。

【久违謦欬】久违：久别重逢时的客套话。謦欬（qǐngkài）：咳嗽之声，引申为谈笑声。语出《庄子·徐无鬼》："夫逃虚空者，藜藋柱乎鼪鼬之径，踉位其空，闻人足音跫然而喜矣，又况乎昆弟亲戚之謦欬其侧者乎？"唐·黄滔《启侯博士》："蜀壁端居，管狀兀坐，既佩兹馨欬，益励彼颛愚。"长久没有听到对方的谈笑声。形容很久未曾通音信。

【酒病花愁】酒病：因饮酒过量而生病。元·乔吉《扬州梦》第二折："今日心中闷倦，故来此翠云楼游玩。小官只为酒病花愁，何日是好也呵。"指因贪恋酒色而引起的病态或烦愁。

【酒入舌出】酒入：喝酒入口。舌出：说话，话多。语出西汉·刘向《说苑·敬慎》："齐桓公为大臣具酒，期以日中。管仲后至，桓公举觞以饮之，管仲半弃酒。桓公曰：'期而后至，饮而弃酒，于理可乎？'管仲对曰：'臣闻酒入者舌出，舌出者言失，言失者身弃，臣计弃身不如弃酒。'"形容人喝酒后话多，又易说话惹事。

【酒食地狱】酒食：酒和饭菜。地狱：喻十分悲惨的生活境遇。宋·朱彧《萍洲可谈》："东坡倅杭，不胜杯酌，诸公钦其才望，朝夕聚首，疲于应接，乃号杭倅为酒食地狱。"形容朝夕宴饮，酒食频繁，疲于应酬的境况。

【酒有别肠】别肠：与众不同的肠胃，喻酒量。宋·司马光《资治通鉴·后晋纪四》："它日，又宴，侍臣皆以醉去，独维岳在。曦曰：'维岳身甚小，何饮酒之多？'左右或曰：'酒有别肠，不必长大。'"常用以称人豪饮。

【居不重茵】重茵：指双层的坐卧垫褥。语出《左传·哀公元年》："昔阖庐食不二味，居不重席，室不崇坛。"《晋书·刘聪列传》："故身衣大布，居不重茵。"居家坐卧处不铺两重垫子。形容生活非常节俭。

【跼天蹐地】跼（jú）：弯腰。蹐（jí）：小步走。语出《诗经·小雅·正月》："谓天盖高，不敢不跼；谓地盖厚，不敢不蹐。"西晋·陈寿《三国志·吴书·步骘传》："伏闻诸典校擿抉细微，吹毛求瑕，重案深诬，辄欲陷人，以成威福，无罪无辜，横遭大刑。是以使民跼天蹐地，谁不战栗？"意谓虽然天高地厚，但人却不得不弯着腰小步行走。形容处境困窘而惶惧不安。

【举鼎绝膑】 膑：膑骨，即膝盖骨。语出《史记·秦本纪》："武王有力，好戏。力士任鄙、乌获、孟说皆至大官。王与孟说举鼎，绝膑。"清·钱谦益《答山阴徐伯调书》："乃欲上下驰骋，追扳古人于行墨之间，斯足下所云举鼎绝膑者乎？"双手举鼎而折断膝盖骨。意谓逞强而自伤，后果严重。也比喻力小不胜重任。

【聚蚊成雷】 聚：聚集。《汉书·中山靖王传》："夫众煦漂山，聚蚊成雷，朋党执虎，十夫桡椎。是以文王拘于牖里，孔子阨于陈蔡，此乃烝庶之成风，增积之生害也。"许多蚊子聚集在一起，其嗡嗡之声可汇成巨雷之响。比喻众口诋毁，积小可以成大。

【踞炉炭上】 踞（jù）：蹲，坐。语出《晋书·宣帝纪》："军还，权遣使乞降，上表称臣，陈说天命。魏武帝曰：'此儿欲踞吾著炉炭上邪。'"蹲坐在燃烧的炉火上被烤炙。比喻置人于危难，处境险恶，不堪忍受。

【屦及剑及】 屦（jù）：用麻、葛等制成的鞋。剑：宝剑。语出《左传·宣公十四年》："投袂而起，屦及于窒皇，剑及于寝门之外，车及于蒲胥之市。秋九月，楚子围宋。"清·康有为《上清帝第二书》："楚庄投袂，屦及剑及，即日伐宋。"比喻反应强烈，行动坚决迅速。

【绝甘分少】 绝甘：放弃甜美的食物。少分：把不多的东西分给大家。《汉书·司马迁传》："以为李陵素与士大夫绝甘分少，能得人之死力，虽古名将不过也。"颜师古注："自绝旨甘，而与众人分之，其同其少多也。"比喻为人克己，刻苦自律，与众人同甘苦。

K

【开口见心】 开口：指说话。心：内心，真心。宋·苏轼《故龙图阁学士滕公墓志铭》："韩忠彦使契丹，杨兴公迎劳，问公所在，且曰：'滕公可谓开口见心矣。'"形容说话直爽，没有隐曲。

【开雾睹天】 开雾：驱散云雾。睹：看见。语出东汉·徐幹《中论·审大臣》："文王之识也，灼然若披云而见日，霍然若开雾而观天。"北周·宇文迥《〈庾信集〉序》："夜不离阁，无愧于黄香；开雾睹天，有同于乐广。"形容使人豁然开朗。

【尻轮神马】 尻（kāo）：臀部。语出《庄子·大宗师》："浸假而化予之尻为轮，以神为马，予因乘之，岂更驾哉。"元·刘壎《隐居通议·聂侍郎上累文》："尻轮神马，偏从尘外遨游。"以尻为车，以心神为驾车之马。形容随心所欲，遨游于天地之间。

【科头跣足】 科头：不戴帽子。跣（xiǎn）足：光着脚。语出《史记·张仪列传》："虎贲之士跿跔科头。"清·韩邦庆《海上花列传》："科头跣足，阔论高谈。"光头赤足。形容生活困苦或散漫。

【渴尘万斛】 渴尘：访友不遇，思念殷切。万斛（hú）：古代以十斗为一斛，南宋改为五斗。形容数量极多。语出唐·卢仝《访含曦上人》："三入寺，曦未来，辘轳无人井百尺，渴心归去生尘埃。"明·程登吉《幼学琼林·身体》："一日三秋，言思慕之甚切；渴尘万斛，言想望之久殷。"形容想念之殷切、急迫。

【克传弓冶】克：能够；战胜。传：继承。弓冶：好的制弓、冶炼方法和事业。《旧唐书·赵道兴传》："卿今克传弓冶，可谓不坠家声。"比喻能继承父、祖的事业。

【克奏肤功】克：能够。奏：臣下向君王陈述事情。肤：伟大。功：功绩，功劳。语出《诗经·小雅·六月》："薄伐猃狁，以奏肤功。"清·曾国藩《复阎中丞》："虽将士用命，克奏肤功，然非阁下指挥素定，落画周详，何以能此。"形容事情已经办成，功劳十分显赫。多用于颂扬有功之人物。

【刻画无盐】无盐：战国时齐国无盐（今山东）一女子，叫钟离春，因容貌丑陋，被目为丑女的代称。刻画：即描摹。《晋书·周顗传》："庾亮尝谓顗曰：'诸人咸以君方乐广。'顗曰：'何乃刻画无盐，以唐突西施也。'"意谓刻意精心描摹丑女无盐，以丑女比美人，会冒犯、贬低美人。

【肯堂肯构】肯：愿意。堂：立堂基。构：盖屋。语出《尚书·大诰》："若考作屋，既底法，厥子乃弗肯堂，矧肯构？"孔安国传："以作室喻治政也。父已致法，子乃不肯为堂基，况肯构立屋乎？"原谓儿子连房屋地基都不肯去做，哪里谈得上肯盖屋子。后反其意而用之，比喻儿孙后代能继承祖业。

【空花阳焰】空花：虚幻之花。阳焰：日光中浮动的烟尘。宋·释道川《颂古二十八首》："水中捉月，镜里寻头。刻舟求剑，骑牛觅牛。空花阳焰，梦幻浮沤。一笔勾断，更休更休。巴歌杜酒村田乐，不风流处也风流。"比喻不切实际的想法。

【口沸目赤】沸、赤：比喻烧、热。西汉·韩婴《韩诗外传》："言人之非，瞋目扼腕，疾言喷喷，口沸目赤。"口水横飞，双目赤红。形容人情绪激动、声色俱厉的神态。

【口角春风】口角：嘴边。语出《后汉书·郑太传》："孔公绪清谈高论,嘘枯吹生。"清·黄小配《廿载繁华梦》:"就如口角春风,说得天花乱坠,差不多恨天无柱,恨地无环,方是他干营生的手段。"形容言谈如春风吹拂。也比喻替人说的好话。

【口诵心惟】诵:朗读。惟:思考。语出唐·韩愈《上襄阳于相公书》:"手披目视,口诵其言,心惟其义。"宋·陈亮《送呈恭父知县序》:"侪辈往往口诵心惟,吟哦上下,记忆不少休。"意谓口中朗诵,心里思考。

【口中蚤虱】蚤(zǎo):跳蚤。虱(shī):虱子。语出《韩非子·七术》:"以临东阳,则邯郸口中虱也。"《汉书·王莽传》:"校尉韩威进曰:'以新室之威而吞胡虏,无异口中蚤虱。'"比喻极易消灭的敌人。

【狂花病叶】狂花:指醉酒后的喧哗。病叶:指醉酒后昏昏入睡。语出唐·皇甫松《醉乡日月》:"或有勇于牛饮者以巨觥沃之,既撼狂花复凋病叶者。饮流谓睚眦者为狂花,且睡者为病叶。"形容饮酒浓醉之情状。

【旷职偾事】旷:荒废,耽搁。偾(fèn):败坏,搞糟。《明史·刘健传》:"文武臣旷职偾事,虚縻廪禄者,宁可不黜。"意谓不尽责守职,把事情搞坏。

【悃质无华】悃(kǔn):诚实,诚心。华:浮夸。语出《后汉书·章帝传》:"安静之吏,悃愊无华,日计不足,月计有余。"明·艾南英《答夏彝仲文书》:"独取太史公所自为赞论序略者读之,其句字可谓悃质无华矣。"意谓至诚而不虚浮。形容真心诚意,毫不虚假。

【困心衡虑】衡:同"横",不顺,阻塞。语出《孟子·告子下》:"人恒过,然后能改。困于心,衡于虑,而后作。"宋·朱熹《朱子语类》:"困心衡虑,征色发声,谓人之有过而能改者如此。"心意困苦,思虑阻塞。形容费心尽力,经过艰苦的思考。

L

【来好息师】 来：带来。师：军队，引申指战争。唐·李翱《进士策问二道》："吐蕃之为中国忧也久矣，和亲赂遗之，皆不足以来好息师。"意谓招致和好，睦邻相安，停止战争。

【来日大难】 来日：未来的日子。大难：困难既大又多。三国·魏·曹植《善行哉》："来日大难，口燥唇干；今日相乐，皆当喜欢。"意谓前途困难重重。

【兰艾同焚】 兰：香草。艾：臭草。东晋·庾阐《檄李势》："檄到，勉思良图，自求多福，无使兰艾同焚。"《晋书·孔坦传》："兰艾同焚，贤愚所叹。哀矜勿喜，我后之仁。"比喻好坏、美恶、贤愚或贵贱同归于尽。

【兰摧玉折】 摧：折断。折：夭折；捐躯。南朝·宋·刘义庆《世说新语·言语》："毛伯成（玄）既负其才气，常称宁为兰摧玉折，不作萧敷艾荣。"明·张岱《祭伯凝八弟文》："痛余八弟，乃遂避升。余虽昆季，义犹朋友。兰摧玉折，实难为情。"兰花、美玉都遭到折断、毁弃。比喻宁肯洁身自好而死，也不愿不贤不义而享受荣华富贵。也用以哀悼人之不幸早亡。

【兰薰桂馥】 兰、桂：兰花、桂花（树）。薰：气味或烟气接触物品；引申为对人的品行、习惯的影响，熏陶。馥：香气。唐·骆宾王《上齐州张司马启》："常山王之玉润金声，博望侯之兰薰桂馥，羽仪百代，掩梁窦以霞骞；钟鼎一时，罩袁杨而岳立。"意谓德泽长留。后多用以称人后嗣昌盛。

【兰因絮果】 兰因：比喻美好的因缘。絮果：飘扬的飞絮，比喻离散的结局。语出《左传·宣公三年》："初，郑文公有贱妾曰燕姞，梦天使与己兰。"清·龚自珍《丑奴儿令》："兰因絮果从头问，吟也凄迷，掐也凄迷，梦向楼心灯火归。"多指离散的结局。也常比喻男女之间的始合终离。

【老蚕作茧】 作（zuò）茧：蚕老结茧。宋·苏轼《石芝》："老蚕作茧何时脱？梦想至人空激烈。"老蚕吐丝作茧，把自己包裹在里面。比喻人虽年老但仍在奔波劳碌。

【老龟刳肠】 刳（kū）：从中间破开再挖空。刳肠：剖腹摘肠。语出《庄子·外物篇》："仲尼曰：'神龟能见梦于元君，而不能避余且之网；能知七十二钻而无遗筴，不能避刳肠之患。如是，则知有所困，神有所不及也。'"唐·白居易《答桐花》："老龟被刳肠，不如无神灵。雄鸡自断尾，不愿为牺牲。"意谓虽有神灵而卒难免祸。比喻灾祸难以避免。

【老龟煮不烂，移祸于枯桑】 移祸：嫁祸，把祸患转嫁给别人。语出唐·白居易《杂感》："犬龁桃树根，李树反见伤。老龟煮不烂，延祸及枯桑。城门自焚爇，池鱼罹其殃。阳货肆凶暴，仲尼畏于匡。"比喻有罪过的人安然无事，嫁祸于无辜的人。

【老罴当道】 罴（pí）：熊的一种。老罴：南北朝时期西魏大将王罴的自称。《北史·王罴传》："比晓，轨众已乘梯入城。罴尚卧未起，闻阁外汹汹有声，便袒身露髻徒跣，持一白棒，大呼而出，谓曰：'老罴当道卧，貉子哪得过！'敌见，惊退。"比喻猛将当道，声势逼人。

【乐昌破镜】 乐昌：指南朝陈后主之妹乐昌公主。破镜：破铜镜为两半，各执一半。明·冯梦龙《喻世明言》第二十四卷："妾有乐昌破镜之忧,汝兄被缧绁缠身之苦,为虏所掠。"南朝陈濒临灭亡时,乐昌公主与其夫徐德言觉得前途渺茫,便把一枚铜镜一分为二,双方各执一半分开行动,相约于正月十五日当街卖破镜来取得联系。后陈朝灭亡,正月十五徐德言依约辗转至京,找到卖破镜的妻子,终于夫妻团聚。形容夫妻离散或分离后又团圆。

【乐殊贵贱】 乐:指音乐。殊:有所区别。南朝·梁·周兴嗣《千字文》:"乐殊贵贱,礼别尊卑。"意谓选择音乐要根据人的身份贵贱而有所区别。

【缧绁之厄】 缧绁(léixiè):用绳索绑住犯人,引申为囚禁。厄:灾厄。明·施耐庵《水浒传》第一回:"目今天灾盛行,军民涂炭,日夕不能聊生,人遭缧绁之厄。"指牢狱之灾厄。

【羸縢履蹻】 羸(léi):通"累",缠绕。縢(téng):捆,引申为绑腿布。蹻(juē):草鞋。出自《战国策·秦策一》:"羸縢履蹻,负书担橐,形容枯槁,面目黧黑,状有愧色。"意谓缠着绑腿布,穿着草鞋。

【累块积苏】 累(lěi):堆叠。块:土块。苏:柴草。《列子·周穆王》:"暨及化人之宫,构以金银,络以珠玉,……帝之所居,王俯而视之,其宫榭若累块积苏焉。"形容居处的简陋。

【离娄之明】 离娄:离朱,古代黄帝时人。明:视力,视觉。《孟子·离娄上》:"孟子曰:'离娄之明,公输子之巧,不以规矩,不能成方圆;师旷之聪,不以六律,不能正五音;尧舜之道,不以仁政,不能平治天下。'"意谓离娄"能视于百步之外,见秋毫之末",视力特佳。形容如同离娄一般,视力特别好。

【黎丘丈人】 黎丘:古地名,今河南商丘一带。丈人:古时对老人的统称。语出《吕氏春秋·疑似》:"梁北有黎丘部,有奇鬼焉,喜效人之子侄昆弟之状。邑丈人有之市而醉归者,黎丘之鬼效其子之状，扶而道苦之。丈人归，酒醒而诮其子曰：'吾为汝父也，岂谓不慈哉？我醉，汝道苦我，何故？'其子泣而触地曰：'孽矣！无此事也。昔也往责于东邑，人可问也。'……明旦之市而醉，其子恐其父不能返也，遂逝迎之。丈人望其真子，拔剑而刺之。丈人智惑于似其子者，而杀其真子。夫惑于似士者而失于真士，此黎丘丈人之智也。"比喻困于假象、不察真情或以真为假而犯下大错。

【丽姬悔泣】 丽姬：丽戎国艾地守疆人的女儿，兵败遭俘虏被晋献公选为姬。悔泣：后悔先前的哭泣。语出《庄子·齐物论》："丽之姬，艾封人之子也，晋国之始得之也，涕泣沾襟，及其至于王所，与王同筐床，食刍豢，而后悔其泣也。"意谓没有必要为未知的事而哭泣，包括生死方面亦不必恐惧。比喻顺其自然。

【连璧贲临】 连璧：连在一起的两块玉璧。贲（bì）临：贵宾光临。宋·胡继宗《书言故事·访临类》："谢二客同至者，连璧贲临。"旧时的客套话，意谓两个客人同时到来。

【连镳并轸】 镳（biāo）：马口中所衔铁具露出在外的两头部分。轸（zhěn）：车箱底部的横木。清·沈德潜《〈明诗别裁集〉序》："洪武之初，刘伯温之高格，并以高季迪、袁景文诸人，各逞才情，连镳并轸。"比喻彼此力量或才能不分高下，并驾齐驱。

【连类比物】连类：连缀相类的事物。比：对比，比较。《韩非子·难言》："多言繁称，连类比物，则见以为虚而无用。"连缀相类的事物，进行对比。

【廉而不刿】廉：廉洁，正直。刿（guì）：刺伤，划伤。《道德经·第五十八章》："是以圣人方而不割，廉而不刿，直而不肆，光而不耀。"有棱角但不至于把人划伤。比喻为人廉正宽厚。

【廉可寄财】廉：廉洁，正直。寄：寄放。语出《孔丛子·陈士义》：

"仁可与托孤，廉可以寄财者。"能够以钱财相托。形容人十分廉洁可信。

【良田不如心田好】 良田：肥沃的田地。心田：心地，良心。语出《增广贤文》："良田不由心田置，产业变为冤业折。千年田地八百主，田是主人人是客。"意谓财产多不如心地善良好。

【裂冠毁冕】 冠：帽子。冕：古代王侯卿相所戴的礼帽。《左传·昭公九年》："王使詹桓伯辞于晋，曰：'……我在伯父，犹衣服之有冠冕，水木之有本原，民人之有谋主也。伯父若裂冠毁冕，拔本塞原，专弃谋主，虽戎狄，其何有余一人。'"比喻诸侯背弃礼法，离心王室，如晋之弃周。后比喻矢志不仕，绝意官途。也比喻毁灭华夏文化、背弃民族传统。

【临深履薄】 临：面临。履：踩踏。语出《诗经·小雅·小旻》："战战兢兢，如临深渊，如履薄冰。"走近深渊，踩踏在薄冰上。比喻因身处险境而十分小心。

【鳞集仰流】 鳞集：指许多鱼集在一起。仰流：仰首向上，承接清流。《史记·司马相如传》："四面风德，二方之君，鳞集仰流，愿得受号者以亿计。"李周翰注："如鱼鳞之相次仰承流风也。"如鱼群仰首向上。比喻人心归向。

【麟角凤距】 距：鸟的脚爪。东晋·葛洪《抱朴子·自叙》："晚又学七尺杖术，可以入白刃，取大戟，然亦是不急之末学，知之譬如麟角凤距，何必用之。"麒麟的角，凤凰的脚爪。比喻珍贵而不用的物品。

【麟角凤觜】 觜（zuǐ）：通"嘴"。语出西汉·东方朔《海内十洲记》："煮凤喙及麟，合煎作膏，名之为续弦胶，或名连金泥。此胶能续弓弩已断之弦，刀剑断折之金。"唐·杜甫《病后遇王倚饮赠歌》："麟角凤觜世莫识，煎胶续弦奇自见。"麒麟的角，凤凰的嘴。比喻稀罕而名贵的东西。

【麟子凤雏】雏：刚生下、幼小的鸟、鸡之类。西汉·焦赣《易林·比》："麟子凤雏，生长家国。"麒麟之子，凤凰之雏。古时对贵族子孙的美称。后也用于美誉他人子弟。

【羚羊挂角】羚：羚羊。宋·严羽《沧浪诗话·诗辨》："诗者，吟咏情性也。盛唐诸人，惟在兴趣；羚羊挂角，无迹可求。故其妙处，透彻玲珑，不可凑泊。"羚羊夜宿时，将角挂在树上，脚不着地，猎狗无迹可寻。后比喻诗文意境超脱，不着形迹。也比喻悬梁自尽。

【令原之戚】令：脊令，一种小鸟，飞翔时相互共鸣，共摆尾。语出《诗经·小雅·常棣》："脊令在原，兄弟急难；每有良朋，况也永叹。"宋·张世南《〈游宦纪闻〉序》："绍定改元，适有令原之戚，闭门谢客，因追思，捉笔纪录。"因兄弟去世而引起的痛苦悲切心情。

【流行坎止】坎：坑穴，指道路低陷不平。语出《汉书·贾谊传》："乘流则逝，得坎则止；纵躯委命，不私与己。"颜师古注："孟康曰：'《易》坎为险，遇险难而止也。'张晏曰：'谓夷易则仕，险难则隐也。'"明·袁中道《江行道中》："自叹每有欲往，辄复不遂，也流行坎止，任之而已。鲁直所谓'无处不可寄一梦也'。"顺流而行，遇坎则止；顺利时出任，遇挫时退隐。比喻进退不强求，视实际情况而定。

【流金铄石】流：坚固的金子像液体般流动。铄：销熔，熔化。《楚辞·招魂》："十日代出，流金铄石。"王逸注："铄，销也；言东方有扶桑之木，十日并在其上，以次更行，其热酷烈，金石坚钢，皆为销释也。"形容天气极为酷热，似乎金石也能被销镕。

【柳树上着刀，桑树上出血】着刀：遭受刀砍。明·冯梦龙《警世通言》第二十卷："忽朝一日，发出句说话来，教'张公吃酒李公醉'，'柳树上着刀，桑树上出血'。"刀砍柳树，桑树承受。比喻代人受过。

【六出冰花】出：花瓣的尖角。六出：六个花瓣，指雪花。语出南朝·梁·萧统《黄钟十一月启》："彤云垂四百之叶，玉雪开六出之花。"元·关汉卿《窦娥冤》："若果有一腔怨气喷如火，定要感的六出冰花滚似绵，免着我尸骸现。"指雪花。

【六合时邕】六合：上下和东西南北，泛指天下、宇宙。邕（yōng）：和睦。西晋·张协《七命》："六合时邕，巍巍荡荡。"形容天下和谐。

【六合之外存而不论】六合：上下和东西南北，泛指天下、宇宙。存：保留。论：讨论，评论。语出《庄子·齐物论》："六合之外，圣人存而不论；六合之内，圣人论而不议；《春秋》经世先王之志，圣人议而不辩。"意谓对于大的问题或大的方面可以保留下来，暂时不讨论。

【六经皆史】六经：即《易》《诗》《书》《礼》《乐》《春秋》。明·李贽《焚书·读史·经史相为表里》："故《春秋》一经，春秋一时之史也，《诗经》《书经》，二帝三王以来之史也；而《易经》则又示人以经之所自出，史之所以来，为道屡迁，变易匪常，不可以一定执也。故谓六经皆史可也。"意谓六经皆应视为古代历史文献。

【六通四辟】六通：指东、南、西、北四方及天上地下。四辟：谓春、夏、秋、冬。《庄子·天道》："明于天，通于圣，六通四辟于帝王之德者，其自为也，昧然无不静者矣。"清·康有为《孔子改制考》："大小精粗，六通四辟，无乎不在。"原指顺应天时、顺遂物性。后比喻四面八方无不通达。

【龙荒蛮甸】龙荒：古代北方沙漠之地。甸：古代指郊外。语出《宋史·武帝记》："遂乃三浮伪主，开涤五都，雕颜卉服之乡，龙荒朔漠之长，莫不回首朝阳，沐浴玄泽。"明·宋濂《法海精舍记》："远而龙荒蛮甸，弁韩巴僰之人，莫不持芗膜拜。"指古代边远荒漠之地以及这些地方的少数民族国家。

【龙马精神】龙马：古代传说中的骏马，形状如龙。唐·李郢《上裴晋公》："四朝忧国鬓如丝，龙马精神海鹤姿。"像龙马那样有旺盛的精神。比喻非凡的一往无前的向上精神。

【龙翔凤翥】翔：盘旋地飞。翥（zhù）：鸟向高处飞。语出清·顾炎武《杭州》："宋世都临安，江山已失据。犹夸天目山，龙翔而凤翥。"比喻神采飞扬，气势非凡。

【镂冰雕朽】镂：雕刻。东晋·葛洪《抱朴子·神仙》："夫苦心约己，以行无益之事，镂冰雕朽，终无必成之功。"雕刻冰块和朽木。形容事不可成或徒劳无功。

【镂尘吹影】镂：雕刻。语出《关尹子·一宇》："言之如吹影，思之如镂尘，圣智造迷，鬼神不识。"在尘土上雕刻，用嘴去吹影子。比喻工艺精细达到不见形迹的程度。也比喻徒劳无功、不切实际或不见形迹的事。

【镂月裁云】镂：雕刻。裁：剪裁。语出唐·李义府《堂堂词》："镂月成歌扇，裁云作舞衣。"宋·李覯《和慎使君出城见梅花》："化工呈巧弄寻常，镂月裁云费刃芒。"雕刻月亮，裁剪云彩。比喻高超、精巧的技艺。

【漏瓮沃焦釜】瓮：一种陶制的盛器。焦釜：烧干水的铁锅。《史记·田敬仲完世家》："唇亡则齿寒，今日亡赵，明日患及齐楚。且救赵之务，宜若奉漏瓮沃焦釜也。"用漏瓮里的余水倒在烧焦的锅里。比喻情势危急，亟待挽救。

【卤莽灭裂】卤莽：粗率冒失。灭裂：谓言行粗疏草率。语出《庄子·则阳》："君为政焉勿卤莽，治民焉勿灭裂。昔予为禾，耕而卤莽之，则其实亦卤莽而报予；芸而灭裂之，其实亦灭裂而报予。"清·俞樾《古书疑义举例·因误衍而误倒例》："校古书者卤莽灭裂，有遇衍字不加删削。"形容做事粗鲁草率。

【鲁卫之政】鲁：周朝周公的封国。卫：周公之弟康叔的封国。《论语·子路》："鲁卫之政，兄弟也。"意谓鲁、卫两国的政治情况像兄弟一样差不多。比喻情况相同或相似。后也以鲁、卫代称兄弟。

【鲁阳挥戈】鲁阳：战国时楚国将军，鲁阳县长官。传说中挥戈使太阳返回的英雄。语出《淮南子·览冥训》："鲁阳公与韩构难，战酣，日暮，援戈而挥之，日为之反三舍。"唐·王奉圭《日赋》："鲁阳挥戈而三舍，汉皇握镜而再中。"意谓人坚强勇敢，能挽回危局。比喻人力胜天。

【鲁鱼帝虎】鲁鱼：将"鲁"字错写成"鱼"字。帝虎：把"帝"字错写成"虎"字。语出东晋·葛洪《抱朴子·遐览》："书字人知之，犹尚写之多误，故谚曰，书三写，鱼成鲁虚成虎。"意谓书籍在传写、刊刻过程中会出现差错。

【鹿死不择音】音：通"荫"。择音：选择荫庇之处。《左传·文公十七年》："又曰：'鹿死不择音。小国之事大国也，德，则其人也；不德，则其鹿也。铤而走险，急何能择。'"孔颖达疏："鹿死不择庇荫之处，喻己不择所从之国。"鹿之将死，无暇选择庇荫地方。比喻只求安身，不择处所。也比喻情况紧急，无法慎重考虑。

【露钞雪纂】露、雪：指一年四季的日日夜夜。钞：同"抄"，抄写。纂（zuǎn）：编辑。宋·叶适《水心集》："家居，或尽一史，露抄雪纂，逾月不出门。"元·黄溍《题李氏白石山房》："露钞雪纂久愈富，何啻邺侯三万轴。"形容勤于收集抄录，昼夜寒暑不停。也比喻长年累月著述之艰辛。

【露往霜来】露、霜：指季节转换和时光流逝。西晋·左思《吴都赋》:"露往霜来,日月其除。"吕延济注:"露,秋也。霜,冬也。除,去也。言秋往冬来,日月将去。"比喻岁月迁移,时光流逝。

【鸾飘凤泊】鸾(luán):古代传说中的一种神鸟。凤:凤凰。唐·韩愈《峋嵝山》:"科斗拳身薤倒披,鸾飘凤泊拏虎螭。"原指书法笔势潇洒飘逸。后比喻夫妻离散。也形容人居无定所。

【沦肌浃髓】沦:渗入。浃:湿透,深入。语出《淮南子·原道训》:"不浸于肌肤,不浃于骨髓。"浸透肌肉,深入骨髓。比喻程度深或受影响很深。

【罗钳吉网】罗、吉:唐玄宗时的两个酷吏,一个叫罗希奭,一个叫吉温。宋·司马光《资治通鉴·唐玄宗天宝四年》:"李林甫欲除不附己者,重用酷吏罗希奭、吉温;二人皆随林甫所欲深浅,锻炼成狱,无能自脱者,时人谓之'罗钳吉网'。"比喻酷吏枉法,陷人于罪。

【罗雀掘鼠】罗雀:张网捕雀。掘鼠:挖洞捕鼠。《新唐书·张巡传》:"至罗雀掘鼠,煮铠弩以食。"形容物资、财产的极度困乏。

【驴生戟角】戟(jǐ)角:犄角。元·关汉卿《金线池》第一折:"无钱的可要亲近,则除是驴生戟角瓮生根。"驴头上长出了犄角。比喻不可能发生的事。

【吕安题凤】吕安:三国时魏国隐士。题:写。凤:繁体字"鳳",可拆写为"凡鸟",比喻庸才。语出南朝·宋·刘义庆《世说新语·简傲》:"嵇康与吕安善,每一相思,千里命驾。安后来,值康不在,喜出户延之,不入。题门上作'鳳'字而去。喜不觉,犹以为欣,故作。'鳳'字,凡鸟也。"比喻造访不遇。也表示对庸才的讽刺。

【履贱踊贵】履:鞋。踊:假脚。《左传·昭公三年》:"国之诸市,履贱踊贵,民人痛疾。"杜预注:"踊,刖者之履。言刖多。"

因被处刑砍脚的人很多,市场上出现了假脚昂贵、鞋子却无人购买的反常现象。讥讽刑罚滥酷。

【履霜坚冰】履:踩,踏。语出《周易·坤》:"履霜,坚冰至。《象》曰:'履霜,坚冰',阴始凝也。驯致其道,至坚冰也。"踩在霜上就知道严寒冰冻的日子将至。比喻见微知著,及早作准备。

【履舄交错】履:单底鞋。舄(xì):复底鞋。履舄:泛指鞋子。《史记·淳于髡传》:"日暮酒阑,合尊促坐,男女同席,履舄交错,杯盘狼藉,堂上烛灭,主人留髡而送客。"古代席地而坐,客宾入室则脱鞋入座,鞋子杂乱地放在一起。形容宾客众多。

【略不世出】略:计划,谋略。世:时代。《史记·淮阴侯列传》:"此所谓功无二于天下,而略不世出者也。"意谓谋略高明,世所少见。用于夸奖人等。

M

【马耳东风】 马耳：马的耳朵。 语出唐·李白《答王十二寒夜独酌有怀》："世人闻此皆掉头，有如东风射马耳。"宋·苏轼《和何长官六言次韵》："青山自是绝世，无人谁与为客。说向市朝公子，何殊马耳东风。"意谓充耳不闻，把好话当作耳边风。

【马腹逃鞭】 马腹：马的腹部。传说中的兽名。语出《左传·宣公十五年》："古人有言曰：'虽鞭之长，不及马腹。'"清·蒲松龄《大捷二》："岂谓马腹逃鞭，榻侧容一隅之鼾睡？ 不知燕巢在幕，釜底得几日之游魂。"鞭子虽长，也打不到马的腹部。比喻躲脱惩罚。

【马往犬报】 往、报：来往，交换。语出《管子·大匡》："诸侯之礼，令齐以豹皮往，小侯以鹿皮报；齐以马往，小侯以犬报。"意谓互相投赠，厚往薄来。

【买菜求益】 益：增加。语出西晋·皇甫谧《高士传·严光》："子道求报，曰：'我手不能书。'乃口授之，使者嫌少，可更足。光曰：'买菜乎？ 求益也？'"如同买菜一般希望再多增加一点。比喻争多嫌少，计较钱财或酬劳的多寡。

【迈越常流】 迈越：超越。常流：普通，一般。唐·柳宗元《为裴中丞上裴相贺破东平状》："阁下挺拔英气，迈越常流，独契圣谟，以昌鸿业。"形容远远超越一般人。

【卖剑买牛】 剑：宝剑。牛：耕牛。《汉书·龚遂传》："遂见齐俗奢侈，好末技，不田作，乃躬率以俭约，劝民务农桑……民有带持刀剑者，使卖剑买牛，卖刀买犊。"放下刀剑武器，从事农桑耕种。后比喻改业务农；坏人改恶从善。

【卖李钻核】 李：李子。钻核：钻凿李核。语出南朝·宋·刘义庆《世说新语·俭啬》："王戎有好李，卖之恐人得其种，恒钻其核。"清·程允升《幼学琼林·花木》："王戎卖李钻核，不胜鄙吝；成王剪桐封弟，因无戏言。"先钻李核再予出售，免得别人获得良种。形容极其自私的行为。

【毛举细故】 毛：细致，琐碎。细故：小事情。宋·张孝祥《论治体札子》："治有大体，不当毛举细故；令在必行，不当徒为文具。"烦琐地列举细小事情。指用小事情攻击或责难别人。

【贸首之雠】 贸：通"牟"，求取。首：头颅。雠（chóu）：仇人，仇敌。《战国策·楚策二》："甘茂与樗里疾，贸首之雠也。"欲牟取对方的头颅才甘心。形容仇恨极深，不共戴天。

【美女者丑妇之仇】 仇：仇人，仇敌，死对头。语出《史记·外戚世家》："美女者，恶女之仇，岂不然哉！"西汉·刘向《说苑·尊贤》："美女者丑妇之仇也，盛德之士，乱世所疏也；正直之行，邪枉所憎也。"美女是丑妇的天然之敌。旧时用来比喻贤臣是奸臣的仇敌。

【袂云汗雨】 袂（mèi）：衣袖，袖口。汗雨：汗如雨下。语出《晏子春秋·杂下九》："张袂成阴，挥汗成雨。"清·王韬《淞滨琐话·画船纪艳》："诸同人邀饮于三潭印月，刚值浴佛日，士女麇至，几于袂云而汗雨。"形容行人众多，热闹非凡。

【门不停宾】 宾：宾客，客人。《晋书·王浑传》："浑抚循羁旅，虚怀绥纳，座无空席，门不停宾。"北齐·颜之推《颜氏家训·风操》："门不停宾，古所贵也。"门口不停留宾客。形容待客殷勤，毫不怠慢。

【门衰祚薄】祚（zuò）：福。西晋·李密《陈情表》："门衰祚薄，晚有儿息。外无期功强近支亲，内无应门五尺之僮，茕茕孑立，形影相吊。"明·夏完淳《狱中上母书》："呜呼！双慈在堂，下有妹女，门衰祚薄，终鲜兄弟，淳一死不足惜，哀哀八口，何以为生？"意谓门庭衰微，福祚浅薄。

【梦幻泡影】梦幻：梦中幻景。《金刚般若波罗蜜经·应化非真分》："一切有为法，如梦幻泡影，如露亦如电，应作如是观。"佛教认为世事无常，一切皆如梦境、幻术、水泡和影子一样空虚。比喻人生的变化不定。

【梦中说梦】梦：本义指睡梦，引申为头脑昏乱、不清醒，又引申为虚幻、空想。《大般若波罗蜜多经》卷五九六："复次善勇猛，如人梦中说梦所具种种自性。"唐·白居易《读禅经》："言下忘言一时了，梦中说梦两重虚。"佛教语，比喻虚无。意谓梦本虚幻，梦中之梦，更不足为凭。

【靡衣媮食】靡：华丽。媮（tōu）：通"偷"，苟且。《汉书·韩信传》："今足下……名闻海内，威震诸侯，众庶莫不辍作息惰，靡衣媮食，倾耳以待命者，然而众劳卒罢，其实难用也。"颜师古注："靡，轻丽也。媮与'偷'字同。偷，苟且也。言为靡丽之衣，苟且而食，恐惧之甚，不为久计也。"穿着华丽的衣服苟且而食。形容预感末日来临，不作长久打算，浑浑噩噩地过着奢华的日子。

【靡有孑遗】靡：无，没有。孑（jié）：单独，孤单。孑遗：遗留，剩余。《诗经·大雅·云汉》："旱既太甚，则不可推。兢兢业业，如霆如雷。周余黎民，靡有孑遗。"本指没有剩余，灾难之后无一人能幸存。后泛指人、物经变故后荡然无存。

【密云不雨】密云：浓云密布。《周易·小畜》："密云不雨，自我西郊。"孔颖达疏："所聚密云，由在我之西郊，去我既远，润泽不能行也。"漫天乌云不下雨。原指德泽未能施行。后比喻事情正在酝酿，但尚未发生。

【密匝险涩】 密：稠，空隙小。匝（zā）：遍，满。涩（sè）：文章难读、难懂，文字艰涩。语出元·刘壎《隐居通议·文章三》："今徒以诡异险涩难读为工。"形容诗词文章聱牙艰涩，难读难懂。

【面北眉南】 北、南：比喻相背。元·无名氏《马陵道》第三折："既然是你为我来，须回避，且做个面北眉南，你东咱西。"意谓脸面相背，互不理睬。形容合不拢，互为对头。

【明扬仄陋】 仄陋：地位微贱而有德才的贤人。语出《尚书·尧典》："明明，扬仄陋。"三国·魏·曹操《求贤令》："二三子其佐我明扬仄陋，唯才是举，吾得而用之。"意谓明察举荐、发掘并重用地位寒微的贤才。

【鸣琴化洽】 化洽：教化普沾。语出《吕氏春秋·开春论·察贤》："宓子贱治单父，弹鸣琴，身不下堂而单父治。巫马期以星出，以星入，日夜不居，以身亲之，而单父亦治。巫马期问其故于宓子。宓子曰：'我之谓任人，子之谓任力。任力者故劳，任人者故逸。'宓子则君子也，逸四肢，全耳目，平心气，而百官以治义矣，任其数而已矣。巫马期则不然，弊生事精，劳手足，烦教诏，虽治犹未至也。"形容并称颂地方官善于治理政事。

【冥昫亡见】 冥：昏暗；晦冥。昫（jū）：视，左右惊视。语出《汉书·扬雄传》："抑挢首以高视兮，目冥昫而亡见。"意谓看不见、看不清楚。

【冥昭瞢暗】 冥：昏暗。昭：明。瞢（méng）：日月昏暗无光。瞢暗：昼夜不分。《楚辞·天问》："冥昭瞢暗，谁能极之。"形容昼夜不分时的混沌状态。

【谬采虚誉】 谬采：错误地采纳和相信。虚誉：虚假、空洞的名声。

清·梁启超《致伍秩庸星使书》:"自惟庸陋,靡所取裁,顾承过爱,谬采虚誉。"意谓错误地相信虚假的名声。

【摩厉以须】厉:在磨刀石上磨刀。须:等待。《左传·昭公十二年》:"摩厉以须,王出,吾刃将斩矣。"把刀磨快并等待着。比喻作好准备,待时行动。

【磨穿铁砚】砚:砚台。语出《新五代史·桑维翰传》:"初举进士,主司恶其姓,以桑丧同音,人有劝其不必举进士,可以从佗求仕者,维翰慨然,乃著《日出扶桑赋》以见志。又铸铁砚以示人曰:'砚弊则改而佗仕。'卒以进士及第。"把铁铸的砚台都磨穿了。形容刻苦读书,遇事有恒心。也比喻笔墨功夫深。

【磨砖成镜】磨砖:磨砖头,把砖头磨光亮。宋·释道原《景德传灯录·南岳怀让禅师》:"开元中有沙门道一住传法院,常日坐禅。……师乃取一砖,于彼庵前石上磨。一曰:'师作什么?'师曰:'磨作镜。'一曰:'磨砖岂得镜邪?'(师曰)'坐禅岂得作佛邪?'"把砖头磨成镜子。比喻不可能成功的事。

【莫予毒也】莫:没有。予:同"余",我。毒:危害。《左传·僖公二十八年》:"晋侯闻之而后喜可知也,曰:'莫余毒也已。'"原谓从此以后再也没有人危害我了。表示目空一切或为所欲为。

【莫之与京】莫:没有。京:大,高。《左传·庄公二十三年》:"有妫之后,将育于姜。五世其昌,并于正卿,八世之后,莫之与京。"孔颖达疏:"莫之与京,谓无与之比大。"形容大得无法相比,首屈一指。

【墨悲丝染】墨:指墨翟(墨子),战国时宋国人。悲:感叹。南朝·梁·周兴嗣《千字文》:"墨悲丝染,诗赞羔羊。"意谓墨子为白丝染上杂色而悲泣。比喻人亦有受染的可能,所以要接受好的熏陶。

【墨突不黔】墨:指墨翟(墨子),战国时宋国人。突:烟囱。

黔（qián）：黑色。东汉·班固《答宾戏》："是以圣者之治，栖栖遑遑，孔席不暖，墨突不黔。"意谓墨翟为了宣传自己的思想学说，东奔西走，每到一地，烟囱还没有熏黑，又到别处去了。形容事情繁忙，四处奔波。

【谋夫孔多】谋夫：参与谋划、出主意的人士。孔：很。《诗经·小雅·小旻》："谋夫孔多，是用不集。"筹划计策的人很多。比喻谋事者虽多，但都不是贤能人士，说不到点子上。

【谋莫难于周密】谋：谋划，计谋。周密：周到而细密。《鬼谷子·摩篇》："谋莫难于周密，说莫难于悉听，事莫难于必成。此三者，唯圣人然后能任之。故谋必欲周密。"意谓谋划、决策最难做到的在于周到严密。

【谋虚逐妄】谋：谋求。虚：不真实。逐：追逐。妄：不存在。清·曹雪芹《红楼梦》第一回："不但是洗旧翻新，却也省了些寿命筋力，不更去谋虚逐妄了。"意谓追求一种不存在或不合理的事物。

【木干鸟栖】干：指树干枯。栖：栖息。《晏子春秋·外篇》："身不敢饮食，拥辕执辔，木干鸟栖，袒肉暴骸。"鸟栖息在树上，哪怕树已干枯也不离去。比喻行事一心一意，坚定不移。

【木梗之患】梗：枝梗。西汉·刘向《说苑·正谏》："今秦，四塞之国也，有虎狼之心，恐其有木梗之患。"木梗遇洪水不知会漂去何处。比喻客死他乡，不得回归故里。

【木强少文】木强（jiàng）：质朴而倔强。少文：缺少文采和礼教。语出《史记·绛信周勃世家》："勃为人木强敦厚，高帝以为可属大事……不好文学，每召诸生说士，东乡坐而责之：'趣为我语。'其椎少文如此。"清·章炳麟《革命之道德》："汉祖所任用者，上自萧何、曹参，其下至于王陵、周勃、樊哙、夏侯婴之徒，大抵木强少文，不识利害。"形容人质朴倔强，不会文饰。

【目不见睫】睫：眼睫毛。语出《韩非子·喻老》："臣患智之如目也，能见百步之外，而不能自见其睫。"眼睛看不见自己的睫毛。比喻见远而不能见近。也比喻看不见自己的过失，缺乏自知之明。

【目击道存】目击：目光触及。语出《庄子·田子方》："仲尼曰：'若夫人者，目击而道存矣，亦不可以容声矣。'"唐·孙过庭《书谱》："虽其目击道存，尚或心迷议舛，莫不强名为体，共习分区。"眼光一触及，便明白其中的道理。形容人悟性高。也比喻意气相通，心领神会。

【目食耳视】目食：用眼吃。耳视：用耳朵看。语出宋·司马光《迂书·官失》："衣冠，所以为容观也，称体斯美矣。世人舍其所称，闻人所尚而慕之，岂非以耳视者乎？饮食之物，所以为味也，适口斯善矣。世人取果饵而刻镂之、朱绿之，以为盘案之玩，岂非以目食者乎？"比喻颠倒错乱。

【目使颐令】目：目光。颐（yí）：面颊。《新唐书·王翰传》："家畜声伎，目使颐令，自视王侯，人莫不恶之。"用眼光指使，用下颌下令。形容神态高傲，骄奢横逸。

【目语额瞬】目语：用眼神暗示，仿佛有话说。额瞬：扬额蹙眉，眨眼，表意达情。西晋·成粲《平乐市赋》："目语额瞬，动颔塞鼻，谈智于尺寸之间，窥窬于分毫之际。"眉毛和眼睛均能示意作态。形容人处世精明狡黠。

【牧竖之焚】牧竖：放牛的小孩，牧童。焚：焚烧。语出《汉书·刘向传》："秦始皇帝葬于骊山之阿……项籍燔其宫室营宇，往者咸见发掘。其后牧儿亡其羊，羊入其凿，牧者持火照求羊，失火烧其臧椁。"西晋·潘岳《西京赋》："外罹西楚之祸，内受牧竖之焚。"秦始皇陵墓被放牧的小孩焚烧。比喻意外的灾难。

【**幕天席地**】 幕：篷帐。席：席子。西晋·刘伶《酒德颂》："日月为扃牖，八荒为庭衢。行无辙迹，居无室庐。幕天席地，纵意所如。"以天为幕，以地为席。形容性情豁达，放浪不拘。也形容野外工作的艰苦。

【**穆穆棣棣**】 穆穆：仪态庄重的样子。棣棣（dìdì）：从容文静的样子。唐·李华《吊古战场文》："饮至策勋，和乐且闲。穆穆棣棣，君臣之间。"形容君臣之间端庄和蔼，恭敬有礼。

N

【南风不竞】南风:南方的音乐。不竞:指乐音微弱。《左传·襄公十八年》:"晋人闻有楚师,师旷曰:'不害,吾骤歌北风,又歌南风,南风不竞,多死声,楚必无功。'"意谓楚军力量衰弱,士气不振,战不能胜。后比喻竞赛的对手力量不强。

【南山可移】南山:终南山。移:移动。语出《旧唐书·李元纮传》:"唐时太平公主于僧寺争碾硙,雍州司户李元纮断还僧寺。雍州长史窦怀贞惧怕太平公主之势,要求李元纮改断。李元纮大署判后曰:'南山或可改移,此判终无摇动。'"终南山可搬开,此案不可动。比喻已成定案,不可改判。

【南山有鸟,北山张罗】南山:终南山。张罗:张设罗网。语出《战国策·东周策》:"譬之如张罗者,张于无鸟之所,则终日无所得矣。"东晋·干宝《搜神记》卷一六:"南山有鸟,北山张罗。鸟既高飞,罗将奈何?"鸟在南山,却去北山张网捕捉。比喻做事不合情理,无法成功。

【南甜北盐】南甜:南方人喜爱甜食。北盐:北方人偏爱咸食。语出宋·沈括《梦溪笔谈》:"大抵南人嗜咸,北人嗜甜。"意谓南北人的口味会随着世事、时局的变迁而改变。说明任何事情都不是一成不变的。

【南州冠冕】南州:南方。冠冕(miǎn):古代帝王及地位在大夫以上官员们戴的礼帽。语出西晋·陈寿《三国志·蜀书·庞统传》："（司马）徽甚异之，称统当为南州士之冠冕。"称赞庞统为南方名士中的顶尖人物。比喻才识出众的人士。

【难言兰臭】难言：谈不上。臭（xiù）：味道，此指兰花的香味。兰臭：指意气相投的朋友。语出《周易·系辞上》："二人同心，其利断金；同心之言，其臭如兰。"清·吴敬梓《儒林外史》第十九回："只因这一番，有分教：师生有情意再缔丝萝；朋友各分张难言兰臭。"意谓难以成为志趣相同的朋友。

【囊漏贮中】囊（náng）一种口袋。贮（zhù）：储存。《宋书·范泰传》："故囊漏贮中，识者不吝；反裘负薪，存毛实难。"指粮食从小器皿漏入大器具，其实并没有漏掉。比喻实际利益并未外流。

【嫩草怕霜霜怕日】霜：指接近地面的水蒸气冷至摄氏零度以下疑结的微细冰粒。嫩草怕霜：指秋冬季的小草怕霜打。出自明·徐㕂《杀狗记》第十四出："算来本利十分多，命里无钱奈若何。嫩草怕霜霜怕日，恶人自有恶人磨。"意谓你欺侮了别人，还会有比你更恶的人欺侮你。形容一物治一物，强中自有强中手。

【泥船渡河】泥船：用泥土做的船。语出佛经（佚名）《三慧经》："人在世间，譬乘泥船渡河，当浮渡船且坏，人身如泥船不可久。"坐泥船过河。比喻人的处境危险。

【拟于不伦】拟：比拟。伦：同类。语出《礼记·曲礼下》："拟人必于其论。"唐·刘知幾《史通·浮词》："天文以害意，自古而然，拟非其伦，由来尚矣。"意谓用不能相比的人或事物来作比方，纯系比拟不当。

【逆取顺守】逆：背叛。顺：合理。语出《史记·郦生陆贾列传》："且汤武逆取而以顺守之，文武并用，长久之术也。"明·罗贯中《三国演义》第六十回："且兼弱攻昧，逆取顺守，汤武之道也。"以非正道的手段夺取天下而以正道守之。

【惄焉如捣】惄(nì)焉:忧思伤痛的样子。捣:撞击,捶打。《诗经·小雅·小弁》:"我心忧伤,惄焉如捣。假寐永叹,维忧用老。心之忧矣,疢如疾首。"因为忧思伤痛,心中像有东西在撞击。形容忧伤思念,痛苦难忍。

【鲇鱼上竿】鲇(nián)鱼:一种头大口宽、无鳞多黏液的鱼。语出宋·欧阳修《归田录》:"君于仕宦,亦何异鲇鱼上竹竿耶?"鲇鱼身体黏滑,想爬上竹竿十分困难。比喻仕途不顺。

【黏吝缴绕】黏:像胶一样附着在一起。吝:过分爱惜。缴绕:纠缠不清。宋·李纲《与吕安老书》:"善棋者,觉一处少屈,则经营他处,座以取胜;不善棋者,黏吝缴绕,不肯暂舍,座以取败。"下棋时一味贪子纠缠。形容胶着在一起,纠缠不休。

【鸟爪侍娘】鸟爪:意谓传说中的仙女麻姑手似鸟爪,这里指麻姑。语出东晋·葛洪《神仙传·蔡经》:"姑手爪似鸟,经见之,心中念曰,背大痒时,得此爪以爬背,当佳也。远已知经心中所言,即使人牵经鞭之,谓曰,麻姑,神人也,汝何忽谓其爪可爬背耶。"唐·赵嘏《赠王先生》:"羽衣使者峭于鹤,鸟爪侍娘飘若花。"指仙女麻姑。也比喻舒适快意。

【涅而不缁】涅(niè):一种矿物(矾石),古代用作黑色染料。缁(zī):黑色。《论语·阳货》:"不曰坚乎,磨而不磷;不曰白乎,涅而不缁。"用涅染也染不黑。形容人在恶劣的环境中仍能保持高尚的品格。

【宁媚于灶】媚:谄媚。灶:灶神。《论语·八佾》:"与其媚于奥,宁媚于灶,何谓也?"与其巴结房屋西南角的神,还不如巴结灶神。意谓与其巴结职位高的人,不如笼络职位低但有实权的人。

【宁戚饭牛】宁戚:春秋时期卫国人,齐大夫。饭牛:喂牛。《吕氏春秋·离俗览》:"宁戚欲干齐桓公,穷困无以自进……宁戚饭牛居车下，望桓公而悲，击牛角疾歌。桓公闻之，抚其仆之手曰：'异哉！之歌者非常人也！'命后车载之。"《史记·鲁仲连邹阳列传》："宁戚饭牛车下，而桓公任之以国。"比喻有才华的人因怀才不遇而去做一些低贱的事情。

【牛鼎烹鸡】 牛鼎：可以煮一头牛的大锅，形容锅大。语出《吕氏春秋·应言》："白圭谓魏王曰：'市丘之鼎以烹鸡，多洎之则淡而不可食，少洎之则焦而不熟。'"用可以煮一头牛的大锅煮一只鸡。比喻大材小用。

【牛嚼牡丹】 牛：指不懂得欣赏的人。牡丹：指美好的事物、食物等。清·吴趼人《近十年之怪现状》："二姨太太道：'惟其牛饮，所以才和牛嚼牡丹一般，不懂得味道。'说得骊珠又笑了。"多用于讽刺人不识货或自谦见识不多、自嘲吃相不够斯文。也比喻不懂得欣赏，对美好的事物没有遵循应有的礼仪。

【牛衣对泣】 牛衣：牛畜等御寒遮雨之覆盖物。泣：小声地哭。语出《汉书·王章传》："初，章为诸生学长安，独与妻居。章疾病，无被，卧牛衣中；与妻决，涕泣。"清·宣鼎《夜雨秋灯录·义猫》："翁家乏食，借贷无门，典质已尽，搔首踟蹰，牛衣对泣而已。"睡在牛衣里，相对哭泣。形容夫妻共同过着穷困的生活。

【弄璋弄瓦】 弄：玩耍，玩弄。璋：一种玉器。瓦：一种纺织用的工具。语出《诗经·小雅·斯干》："乃生男子，载寝之床，载衣之裳，载弄之璋。……乃生女子，载寝之地，载衣之裼，载弄之瓦。"古代以弄璋代指生男孩，说是"弄璋之喜"；以弄瓦代指生女孩，说是"弄瓦之喜"。意谓希望男孩长大后成为谦谦君子，希望女孩长大后贤惠勤劳。

【驽蹇之乘】 驽：劣马。蹇（jiǎn）：跛，行走困难。也指跛驴、驽马。乘：泛指马车。《汉书·叙传上》："驽蹇之乘，不骋千里之途；

燕雀之畴，不奋六翮之用。"用劣马或跛驴拉的车子。比喻能力低下，难堪重任。

【驽马恋栈豆】 驽：劣马。栈：养牲畜的竹木栅或栅栏。豆：指马厩中的饲料。《晋书·宣帝纪》："爽与范内疏而智不及，驽马恋栈豆，必不能用也。"劣马贪恋马厩中的饲料。比喻愚钝无能的庸人目光浅短，只顾及、贪恋眼前的小利。

【怒猊渴骥】 猊（ní）：也称"狻猊"，即狮子。骥：骏马。语出《新唐书·徐浩传》："始，浩父峤之善书，以法授浩，益工。尝书四十二幅屏，八体皆备，草隶尤工，世状其法曰'怒猊抉石，渴骥奔泉'云。"如愤怒的狮子撬扒石头、口渴的骏马奔向泉水。形容书法遒劲奔放。

【怒蛙可式】 怒蛙：鼓足气的青蛙。式：指扶着车前的横木表示致敬。语出《韩非子·内储说上》："越王勾践见怒蛙而式之。御者曰：'何为式？'王曰：'蛙有气如此，可无为式乎？'士人闻之曰：'蛙有气，王犹为式，况士人有勇者乎！'"向鼓足了气的青蛙致敬。表示对勇士的尊敬，以激励国人。

O

【沤珠槿艳】 沤（ōu）珠：水泡。槿：木槿花，鲜艳而易凋谢。唐·高彦休《唐阙史·韦进士见亡妓》："任生曰：'某非猎食者，哀君情切，因来奉救。沤珠槿艳，不必多怀。'"晶莹的水泡，艳丽的槿花。比喻短暂的幻景或易消失的事物。

【鸥鹭忘机】 鸥：通"沤"，鸟类，生活在湖海，捕食鱼、螺等。忘机：指没有巧诈的心思，甘于淡泊。语出《列子·黄帝》："海上之人有好沤鸟者，每旦之海上，从沤鸟游。沤鸟之至者百住而不止。其父曰：'吾闻沤鸟皆从汝游，汝取来，吾玩之。'明日之海上，沤鸟舞而不下也。"原谓人无巧诈之心，则异类可以亲近。后多喻指隐居自乐，不以世事为怀。

P

【盘龙之癖】 盘龙：东晋末年将领刘毅的小名。癖：嗜好。语出《晋书·刘毅传》：刘毅小字盘龙，好赌博，"于东府聚樗蒲大掷，一判应至数百万"。指嗜好赌博的恶习。

【泮林革音】 泮（pàn）林：泮水边的林木。革音：变革恶声，谓改恶从善。语出《诗经·鲁颂·泮水》："翩彼飞鸮，集于泮林，食我桑黮，怀我好音。"郑玄笺："言鸮恒恶鸣，今来止于泮水之木上，食其桑黮。为此之故，故改其鸣，归就我以善音。喻人感于恩则化也。"比喻人感于恩则化也。也比喻人在好的影响感化下改变旧习性。

【旁求俊彦】 旁：广，广泛；旁征博引。俊彦：才智过人的人。《尚书·太甲上》："旁求俊彦，启迪后人。"意谓从各方面寻求有才能的人。

【旁搜远绍】 旁：广泛。绍：继承。语出唐·韩愈《进学解》："寻坠绪之茫茫，独旁搜而远绍。"元·王恽《扶疏轩记》："遇事与心会，辄忻然忘倦，其或抽思杂著，旁搜远绍，竟日忘返。"意谓广泛搜罗，穷本溯源，远承古人。

【旁午构扇】 旁午：交错，纷繁。扇：通"煽"。构扇：煽动。唐·柳宗元《寄许京兆孟容书》："以此大罪之外，诋诃万端，旁午构扇，便为仇敌。"形容相互构陷、煽惑。

【旁午走急】旁午：交错，纷繁。走急：匆促，迅速。西汉·贾谊《新书·匈奴》："旁午走急，数十万之众，积于北方，天下安得食而馈之。"形容纵横交错，往来奔赴。

【配享从祀】配、从：附随。祀：祭祀。语出《尚书·盘庚上》："兹予大享于先王，尔祖其从与享之。"《宋史·礼志八》："国子司业蒋静言：'先圣与门人通被冕服，无别。配享、从祀之人，当从所封之爵，服周之服。'"孔庙祭祀以孔子弟子及历代有名的儒者列在两庑一体受祭，称之为配享从祀。在唐代以前，配享与从祀无别，其制在宋始分。宋史文庙典礼，颜渊、曾参、子思、孟轲称配享，闵子骞、冉伯牛等十哲以下为从祀。

【朋党比周】比周：勾结。《韩非子·孤愤》："朋党比周以弊主。"唐·吴兢《贞观政要·择官》："谄主以佞邪，陷主于不义，朋党比周，以蔽主明，使白黑无别，是非无间，使主恶布于境内，闻于四邻，如此者，亡国之臣也。"比喻结党营私，蒙蔽君主。

【蓬生麻中】蓬：蓬草。麻：草木植物，茎部韧皮纤维长且坚韧，可供纺织。《荀子·劝学》："蓬生麻中，不扶而直；白沙在涅，与之俱黑。"蓬草长在麻丛中，自然而直。比喻人在好的环境里成长，就能成为好人。

【蓬头历齿】蓬：蓬松。历：稀疏。语出战国·楚·宋玉《登徒子好色赋》："其妻蓬头挛耳，齞唇历齿。"北周·庾信《竹杖赋》："噫！子老矣，鹤发鸡皮，蓬头历齿。"头发蓬乱，牙齿稀疏不齐。形容人衰老的样子。

【捧腹轩渠】捧腹：大笑的样子。轩：高。渠：通"举"。语出《后汉书·蓟子训传》："儿识父母，轩渠笑悦，欲往就之。"宋·苏轼《跋山谷草书》："他日黔安当捧腹轩渠也。"原指幼儿高举双手欲就父母。后比喻音容笑貌。

【被发缨冠】 被（pī）发：头发不束而披散。缨冠：来不及戴帽，系缨于颈。《孟子·离娄》："今有同室之人斗者，救之，虽被发缨冠而救之，可也。"来不及束发，只结上冠缨，赶着去救助别人。形容救急的迫切。

【偏怀浅戆】 偏怀：胸怀狭窄。浅戆：浅薄鲁莽。明·罗贯中《三国演义》第四十七回："周瑜小子，偏怀浅戆，自负其能，辄欲以卵敌石；兼之擅作威福，无罪受刑，有功不赏。"形容胸怀狭窄，见识浅陋愚拙。

【贫女分光】 分：分享。光：烛光。语出《史记·樗里子甘茂列传》："臣闻贫人女与富人女会绩，贫人女曰：'我无以买烛，而子之光幸有余，子可分我余光，无损子明而得一斯便焉。'"贫家女借富家女的烛光纺线，富家女并未受到损失而贫家女却得到了方便。比喻不需对方破费而得到的照顾。

【贫士市瓜】 贫士：指穷苦的读书人。市：买。《北齐书·杨愔传》"然取士多以言貌，时致谤言，以为愔之用人，似贫士市瓜，取其大者。"穷苦的读书人买瓜只挑个头大的。比喻以言谈和外貌取人。

【平地起孤丁】 平地：平坦的地面。孤丁：凸起的土堆。语出元·康进之《李逵负荆》第二折："休怪我村沙样势，平地上起孤堆。"比喻无事生非。

【屏风九叠】 屏风：室内挡风器物。唐·李白《庐山谣寄卢侍御虚舟》："屏风九叠云锦张，影落明湖青黛光。"形容山峦重重叠叠。

【剖腹藏珠】 剖腹：剖开肚子。语出宋·司马光《资治通鉴·唐太宗贞观元年》："上谓侍吾臣曰：'吾闻西域贾胡得美珠，剖身以藏之，有诸？'侍臣曰：'有之。'上曰：'人皆知彼之爱珠而不爱其身也。'"比喻为物伤身，轻重倒置。

【裒多益寡】 裒（póu）：取出。益：增加。《周易·谦》："地中有山，谦。君子以裒多益寡，称物平施。"王弼注："多者用谦以为裒，少者用谦以为益，随物而与，绝不失平。"宋·范仲淹《天道益谦赋》："是故君子法而为政，敦称物平施之心；圣人象以养民，行裒多益寡之道。"意谓削减多者以补不足。

【铺眉苫眼】 铺：展，竖。苫（shàn）：用席、布等遮盖。元·关汉卿《裴度还带》第一折："一个个铺眉苫眼，妆些像态。"意谓假正经，装模作样。也比喻有模有样。

Q

【七青八黄】 青、黄：指黄金的成色。元·王实甫《西厢记》第一本第二折："量着穷秀才人情则是纸半张，又没甚七青八黄。"指钱财。

【乞儿乘车】 乞儿：行乞之人。语出西晋·陈寿《三国志·魏书·邓艾传》："宣王为泰会，使尚书钟繇调泰：'君释褐登宰府，三十六日拥麾盖，守兵马郡，乞儿乘小车，一何驶乎？'"乞丐乘上了驷马高车。讽刺官职提升得快。

【乞浆得酒】 乞：讨要，乞讨。浆：淡酒，一种比酒质量差的饮料。晋·袁准《正书》："太岁在酉，乞浆得酒。"讨杯水喝，却得到了酒。比喻所得超过所求，出乎意料。

【岂知千丽句，不敌一谗言】 千丽句：千句美丽的言辞。谗言：毁谤的话，挑拨离间的话。唐·陆龟蒙《离骚》："天问复招魂，无因彻帝阍。岂知千丽句，不敌一谗言。"哪里知道千万句奇丽的话语，抵不过那小人的一句恶意中伤的话。用于抨击奸佞谗毁忠良的丑恶行径。

【棨戟遥临】 棨（qǐ）戟：有用赤色黑布做套子的木戟，古代官吏出行作前导的一种仪仗。唐·王勃《滕王阁序》："都督阎公之雅望，棨戟遥临；宇文新州之懿范，襜帷暂驻。"指达官贵人远道而来。后用以称贵宾或好友远道光临。

【器二不匮】匮（kuì）：缺乏。《左传·哀公六年》："君异于器，不可以二。器二不匮，君二多难。"器具准备有两件。意谓有了储备就不会发生短缺。

【器小易盈】器：器皿。盈：满。语出三国·魏·吴质《在元城与魏太子笺》："小器易盈，先取沈顿。"清·李汝珍《镜花缘》第十二回："若令器小易盈，妄自尊大，那些骄傲俗吏看见，真要愧死。"器皿小容易盛满。比喻酒量小容易喝醉。后比喻气量小容易自满。

【器欲难量】器：器皿。量：测量，估计。南朝·梁·周兴嗣《千字文》："信使可复，器欲难量。"意谓为人处世气量很大，令人难以估量。

【千了百当】了（liǎo）：完了，结束。当（dàng）：恰当，妥帖。宋·朱熹《朱子语类》第三十四卷："圣人发愤便忘食，乐便忘忧，真是一刀两断，千了百当。"比喻诸事顺遂，一切妥帖。

【迁兰变鲍】迁、变：指受环境影响而发生变化。兰：兰草。鲍：指咸鱼。语出三国·魏·王肃注《孔子家语·六本》："与善人居，如入芝兰之室，久而不闻其香，即与之化矣；与不善人居，如入鲍鱼之肆，久而不闻其臭，亦与之化矣。"唐·李延寿《南史·恩幸传论》："探求恩色，习睹威颜，迁兰变鲍，久而弥信。"比喻潜移默化。

【牵萝补屋】萝：女萝，一种能爬蔓的植物。语出南朝·梁·陶弘景《山居赋》："采芝萝之盘蔬，牵藤萝补岩屋。"唐·杜甫《佳人》："侍婢卖珠回，牵萝补茅屋。"牵拉来萝藤来补堵屋子的漏洞。形容生活困难或勉强应付。后多比喻将就、凑合。

【铅刀一割】铅刀：铅制的刀子，因铅质软，刀刃较钝。《后汉书·班超传》："昔魏绛列国大夫，尚能和辑诸戎，况臣奉大汉之威，而无铅刀一割之用乎？"自谦才能虽薄弱如铅刀，但尽其所能，尚可一用。也比喻任用庸才。

【潜气内转】潜气：运气。转：旋转；绕。东汉·繁钦《与魏文帝笺》："时都尉薛访车子，年始十四，能喉啭引声，与笳同音……潜气内转，哀音外激，大不抗越，细不幽散，声悲旧笳，曲美常均。"称赞歌唱者歌喉富有高低起伏的变化，运气自如。后形容词学诗文等运笔之妙。

【羌无故实】羌：文言助词，用在句首无义。故实：有参考或借鉴意义的事。南朝·梁·钟嵘《诗品序》："'清晨登陇首'，羌无故实；'明月照积雪'，讵出经史？"意谓不用典故，也不必有出处。

【樵苏不爨】樵（qiáo）、苏：分别指柴与草。爨（cuàn）：烧火做饭。三国·魏·应璩《与侍郎曹长思书》："幸有袁生，时步玉趾，樵苏不爨，清淡而已，有似周党之过闵子。"虽有柴有草，却无米为炊。比喻家境贫困。

【切磨箴规】切磨：切磋。箴（zhēn）规：劝戒，规谏。南朝·梁·周兴嗣《千字文》："交友投分，切磨箴规。"意谓互相批评，互相帮助。

【切切偲偲】切切：真诚的样子。偲偲（sīsī）：相互勉励、相互督促的样子。《论语·子路》："朋友切切偲偲，兄弟怡怡。"何晏集解引马融曰："切切偲偲，相切责之貌。"邢昺疏："朋友以道切磋琢磨，故施于朋友也。"形容朋友间互相敬重、切磋、勉励。

【且食蛤蜊】且：暂且。蛤蜊：一种生活在近海泥沙中的软体动物。《南史·王弘传》："（融）诣王僧佑，因遇沈昭略，未相识。昭略屡顾盼，谓主人曰：'是何年少？'融殊不平，谓曰：'仆出于扶桑，入于汤谷，照耀天下，谁云不知，而卿此问？'昭略云：'不知许事，且食蛤蜊。'"意谓姑且置之不问。

【秦庭之哭】秦庭：秦国的宫庭。语出《左传·定公四年》："申包胥如秦乞师，……立依于庭墙而哭，日夜不绝声，勺饮不入口，七日。秦哀公为之赋《无衣》，九顿首而坐，秦师乃出。"意谓楚大夫申包胥哭秦庭借师之艰辛。形容自己无力取胜，只得苦求别人以武力相救。后也比喻哀求别人救助。

【禽困覆车】困：困住，围困。覆：翻倒。《史记·甘茂列传》："韩公仲使苏代谓向寿曰：'禽困覆车'。公破韩，辱公仲……自以为必可以封。"裴骃《史记集解》："譬禽兽得困急，犹能抵触倾覆人车。"禽兽被围捕急了，会把人的车子撞翻。比喻人在绝境之中就会冒险。意犹凡事不可逼人太甚。

【禽息鸟视】息、视：泛指生存。西晋·陈寿《三国志·魏书·陈思王植传》："虚荷上位而忝重禄，禽息鸟视，终于白首，此徒圈牢之养物，非臣之所志也。"像鸟兽一样生存，没有志向。比喻养尊处优，无益于世。

【青毡故物】青毡：青色的毛毯。故物：前人遗物；旧物。语出《晋书·王羲之列传》："夜卧斋中，而有偷人入其室，盗物都尽，献之徐曰：'偷儿，青毡我家旧物，可特置之。'群偷惊走。"清·吴锡麒《水仙子·归兴》："算青毡故物难离，请图作村夫子，去教些牛舍儿，归矣茅茨。"指仕宦人家的传世之物或旧业。

【轻薄莲华】轻薄：鄙薄，不尊重。华（huā）：古同"花"。莲华：即莲花。宋·陶穀《清异录·轻薄莲华》："王行简，江西人。口吻甚恶，当世之事，莫不品藻。一经题品，终身不可逃丑。识者憎畏，号行简舌头为轻薄莲华。"比喻说话刻薄之人的舌头。

【轻尘栖弱草】轻尘：尘土，因质轻而易飞扬。西晋·皇甫谧《列女传》："或谓之曰：'人生世间，如轻尘栖弱草，何至辛苦乃尔！且夫家夷灭已尽，守此欲为谁哉？'令女曰：'闻仁者不以盛衰改节，义者不以存亡易心……禽兽之行，吾岂为乎？'"意谓微尘依附在弱草上。比喻人生无常,渺小而短暂。

【轻巧尖新】 轻巧:轻便灵巧。宋·王灼《碧鸡漫志》:"易安居士作长短句,能曲折尽人意,轻巧尖新,姿态百出。"形容诗文的一种表现形态。

【轻裘缓带】 缓:宽松。《晋书·羊祜传》:"在军常轻裘缓带,身不被甲。铃阁之下,侍卫者不过十数人,而颇以畋渔废政。"轻缓的裘衣,宽松的衣带。形容镇定自如、雍容闲适的风度。

【清恐人知】 清:清廉,清正。恐:生恐,惟恐,恐怕。《晋书·胡威传》:晋初,胡质、胡威父子都以清廉著名。武帝谓威曰:"卿孰与父清?"对曰:"臣不如也。"帝曰:"卿父以何为胜耶?"对曰:"臣父清恐人知,臣清恐人不知,是臣不及远也。"形容清廉而不欲人知。

【庆吊不行】 庆:庆贺。吊:吊唁。《后汉书·荀爽传》:"爽遂耽思经书,庆吊不行,征命不应。"对红白喜事均不予贺、吊。意谓不与人来往。后形容关系疏远。

【穷鸟入怀】 穷鸟:困窘的鸟,无处栖身。怀:投入的怀抱。西晋·陈寿《三国志·魏书·邴原传》:"政窘急,往投原。"裴松之注引《魏氏春秋》:"政投原曰:'穷鸟入怀。'原曰:'安知斯怀之可入邪?'"北齐·颜之推《颜氏家训·省事》:"然而穷鸟入怀,仁人所悯,况死士归我,当弃之乎!"比喻处境困窘投靠于人。

【穷鼠啮狸】 啮(niè):咬,啮噬。狸:即貉,亦称狸猫。西汉·桓宽《盐铁论·诏圣》:"死不再生,穷鼠啮狸。"被逼无奈的老鼠也会咬死猫。比喻受迫害过甚也会拼死反抗。犹困兽犹斗。

【穷猿奔林】 穷猿:被猎人紧追的猿猴。南朝·宋·刘义庆《世说新语·言语》:"李弘度常叹不被遇。殷扬州知其家贫,问:'君能屈志百里不?'李答曰:'《北门》之叹,久已上闻;穷猿奔林,岂暇择木!'遂授剡县。"比喻人陷入困境,急觅栖身之地。

【穷源竟委】穷：彻底推求；穷尽。源：起源，源头。竟：探究。委：水的下流（游）；末尾。语出《礼记·学礼》："三王之祭川也，皆先河而后海，或源也，或委也，此之谓务本。"孔颖达疏："言三王祭百川之时，皆先祭河而后祭海也。或先祭其源，或后祭其委。河为海本，源为委本。"比喻深究事物的始末。

【秋草人情】秋草：衰败的草。元·关汉卿《鲁斋郎》第三折："不见浮云世态纷纷变，秋草人情日日疏。"友谊、交情如同秋草逐日枯黄。比喻人情日益疏远、冷落。

【秋荼密网】荼（tú）：茅草上开的白花。语出西汉·桓宽《盐铁论·刑德》："昔秦法繁于秋荼，而网密于凝脂。"秋天繁茂的茅草白花和网眼细密的鱼网。比喻刑法（罚）繁多而细苛。

【遒文丽藻】遒（qiú）：刚劲，有力。藻：文采。出自南朝·梁·刘峻《广绝交论》："遒文丽藻，方驾曹王；英跱俊迈，联横许郭。"张铣注："遒，美也。丽藻喻文章之美也。"形容文章优美。

【屈鄙行鲜】鄙：边远的地方。鲜（xiǎn）：善。三国·魏·曹植《王仲宣诔》："身穷志达，屈鄙行鲜。"比喻人虽然地位低下却有德行。

【屈一伸万】屈：屈从。伸：伸直。语出东汉·赵晔《吴越春秋·王僚使公子光传》："子视吾之仪，宁类愚者也，何言之鄙夫。夫屈一人之下，必伸万人之上。"形容心胸宽广，能屈能伸。

【曲尽人情】曲尽：委曲而详尽。宋·邵雍《观诗吟》："爱君难得似当时，曲尽人情莫若诗。"意谓委婉而周到地把人之常情或世态充分地体现出来，切合他人的心情、需要。

【曲有误，周郎顾】周郎：指三国时的周瑜。顾：回看。西晋·陈寿《三国志·吴书·周瑜传》："瑜少精意于音乐，虽三爵之后，其有阙误，瑜必知之，知必顾。故时人谣曰：'曲有误，周郎顾。'"形容精于音乐音律，善于鉴赏戏曲音乐。

【取乱侮亡】 取乱：乘乱之机而取代之。侮亡：指打击、施压于已有灭亡征象的国家。《尚书·仲虺之诰》："兼弱攻昧，取乱侮亡。"夺取政治荒乱的国家，侵侮已有灭亡征象的国家。指古代国家自视正义的一种基本策略。

【泉石膏肓】 膏肓：古代医学家将心尖脂肪叫膏，称心脏和隔膜之间为肓，认为是药力达不到的地方，比喻病情极为严重。《新唐书·田游岩传》："高宗幸嵩山，遣中书侍郎薛元超就问其母。游岩山衣田冠出拜，帝令左右扶止之，谓曰：'先生养道山中，比得佳否？'游岩曰：'臣泉石膏肓，烟霞痼疾，既逢圣代，幸得逍遥。'"形容人爱好山水成癖，如病入膏肓。

【雀角之忿】 雀角：指狱讼、争吵。语出《诗经·召南·行露》："谁谓雀无角，何以穿我屋？谁谓女无家，何以速我狱。"清·蒲松龄《聊斋志异·冤狱》："山村豪气偶因鹅鸭之争，致起雀角之忿。"指由诉讼带来的各种烦恼。

【雀目鼠步】 雀目：小鸟的眼睛。鼠步：老鼠小心翼翼地行走。东汉·班固《东观汉记·阳球》："乃磔甫尸，署曰：'贼臣王甫'。于是权门惶怖股栗，莫不雀目鼠步，京师肃然。"形容惶恐至极。

【群蚁附膻】 膻（shān）：羊肉的气味。语出《庄子·徐无鬼》："羊肉不慕蚁，蚁慕羊肉。羊肉，膻也。"成群的蚂蚁趋附羊肉。形容众人争相趋附有利可图或所热衷的事物。也比喻人依附有钱有势的人或黑恶势力。

R

【燃糠自照】 燃：燃烧。糠：谷壳。《南齐书·顾欢传》："乡中有学舍，欢贫无以受业，于舍壁后倚听，无遗忘者。……母年老，躬耕诵书，夜则燃糠自照。"借糠皮燃烧的光看书。比喻在困境之中勤奋学习。

【染须种齿】 染须：染黑须发。种齿：指镶补牙齿。宋·陆游《岁晚幽兴》："卜冢治棺输我快，染须种齿笑人痴。"染须发，镶牙齿，以掩饰衰老。

【人谋不臧】 谋：谋划。臧（zāng）：好，善。语出宋·林逋《省心录》："尔谋不臧，悔之不及，尔见不长，教之何益。"意谓事情之所以不成或失败，是由于人没有谋划好，与天时、地利无关。

【人一己百】 人：他人。己：本人。语出《礼记·中庸》："人一能之，己百之；人十能之，己千之。果能此通矣，虽愚必明，虽柔必强。"别人用一倍力气，自己则用百倍力气。比喻自强不息，不甘人后。

【忍尤攘诟】 尤：罪过。攘（rǎng）：排除。诟（gòu）：耻辱。语出战国·楚·屈原《离骚》："屈心而抑志兮，忍尤而攘垢。"意谓暂时忍受责备和耻辱，等待时机雪耻。

【认影迷头】 认：分辨，识别。迷头：指头脑糊涂，分辨不清是非。语出《楞严经》："如演若多，迷头认影。"宋·释普济《五灯会元》："从门入者，不是家珍，认影迷头，岂非大错。"意谓世间愚痴之人看不到自己真性,却认假相为真。比喻非常糊涂。

【日割月削】割:分割。削:削减。语出宋·苏洵《六国论》:"有如此之势,而为秦人积威之所劫,日削月割,以趋于亡。"每日每月割让土地。形容一味屈辱地被蚕食国土,割地求和。

【日就月将】就:成就。将:进步。语出《诗经·周颂·敬之》:"日就月将,学有缉熙于光明。"孔颖达疏:"日就,谓学之使每日有成就;月将,谓至于一月则有可行。言当习之以积渐也。"每天有成就,每月有进步。形容日积月累,精进不止。

【日夜孳孳】孳孳(zīzī):勤勉的样子。语出《礼记·表记》:"俛焉日有孳孳,毙而后已。"陈澔集说:"孳孳,勤勉之貌。"西汉·东方朔《答客难》:"此士所以日夜孳孳,修学敏行,而不敢怠也。"形容夜以继日,勤勉不息。

【容膝之安,一肉之味】容膝:居处狭小仅容两膝之安。西汉·刘向《列女传·贤明》:"今以容膝之安,一肉之味,而怀楚国之忧,其可乎?"狭窄的居室,单调的饭食。形容生活条件不好。后也比喻甘愿于简朴,安心于贫困。

【融融泄泄】融融:和乐愉快的样子。泄泄(yìyì):舒坦快乐的样子。语出《左传·隐公元年》:"公入而赋:'大隧之中,其乐也融融。'姜出而赋:'大隧之外,其乐也泄泄。'"清·钱谦益《范太公八十序》:"匡床坐谈,石鼎联句,融融泄泄。"形容大家在一起融洽愉快,和乐舒畅。

【如狼牧羊】牧:放牧牲口。《史记·酷吏列传》:"宁成家居,上欲以为郡守,御史大夫弘曰:'臣居山东为小吏时,宁成为济南都尉,其治如狼牧羊;成不可使治民。'"比喻任用酷吏治理,人民遭受残害。

【如食哀梨】哀梨:传说汉代秣陵人哀仲家种的梨,个大汁多味美。语出南朝·宋·刘义庆《世说新语·轻诋》:"桓南郡每见人不快,辄嗔曰:'君得哀家梨,当复不烝食不?'"宋·陆游《齿痛有感》:"暮年渐解人间事,蒸食哀梨亦自奇。"好像吃到哀仲家的梨。比喻言辞、文章优美流畅,赏心悦目。

【若敖之鬼】若敖:指春秋时楚国的若敖氏,后被灭全族。语出《左传·宣公四年》:"鬼犹求食,若敖氏之鬼,不其馁尔?"意谓若敖氏的祖先因遭灭宗而无人祭祀。比喻没有后代,无人祭祀。

S

【三杯和万事】 和：缓和，调和。元·武汉臣《生金阁》第三折："可不道'三杯和万事，一醉解千愁。'"意谓饮酒可以解脱愁闷，消除烦恼。

【三坟五典】 三坟：传说中远古时代三皇（伏羲、神农、黄帝）所作的书。五典：传说中远古时代五帝（少昊、颛顼、高帝、唐尧、虞舜）所作的书。《左传·昭公十二年》："是能读《三坟》《五典》《八索》《九丘》。"指传说中的上古时代的书籍，是我国最早的古籍。

【三木之下,何求不得】 三木：一种酷刑。语出《汉书·司马迁传》："魏其，大将也，衣赭，关三木。"颜师古注："三木，在颈及手足。"清·陈鸿璧《第一百十三案》："诉讼论者每斥为三木之下，何求不得……彼县太爷已不啻千用百用，欲其不糊涂了事也。"意谓严刑逼供，屈打成招，必得供词。

【桑落瓦解】 桑落：指桑叶枯萎。解瓦：指屋瓦解体。《后汉书·孔融传》："案表跋扈，擅诛列侯，遏绝诏命，断盗贡篚，招呼无恶，以自营卫，专为群逆，主萃渊薮，郜鼎在庙，章孰甚焉？桑落瓦解，其势可见。"形容事势败坏到无法收拾的地步。

【色乐珠玉】 色：美色。乐：音乐。珠：珍珠。玉：玉器。秦·李斯《谏逐客书》："然则是所重者在乎色乐珠玉，而所轻者在乎人民也。"讽议当权者所重所喜在于美色、音乐、珍珠、玉器等物。

【山阳闻笛】山阳：山的南面。语出西晋·向秀《思旧赋》："余与嵇康、吕安居止接近，其人并有不羁之才。然嵇志远而疏，吕心旷而放，其后各以事见法。嵇博综技艺，于丝竹特妙。临当就命，顾视日影，索琴而弹之。余逝将西迈，经其旧庐。于时日薄虞渊，寒冰凄然。邻人有吹笛者，发音寥亮。追思曩昔游宴之好，感音而叹，故作赋云。"宋·张炎《壶中天·怀旧友》："留得一方无用月，隐隐山阳闻笛。"比喻沉痛怀念故友。

【山陬海澨】山陬（zōu）：山角落。海澨（shì）：海滨。清·王晫《今世说·德行》："宦辙所至，山陬海澨，有以读书能为文者，必枉车骑过之。"山角落和海边。泛指荒远偏僻的地方。

【善言暖于布帛】善言：好言好语。布帛：指棉织品和丝织品及其所制衣物。语出《荀子·荣辱》："虽有戈矛之刺，不如恭俭之利也。故与人善言，暖于布帛；伤人以言，深于矛戟。"意谓好言好语比衣服还温暖。形容有益的语言能给人鼓舞和安慰。

【上树拔梯】拔：搬掉。语出宋·释晓莹《罗湖野录》卷一："此事黄龙兴化亦当作助道之缘，共出一臂，莫送人上树拔却梯也。"诱人上树再搬掉梯子使其不能下来。比喻诱人前行而断绝其退路。

【奢者心常贫】奢：奢侈，奢靡。贫：缺乏，贫瘠。南唐·谭峭《谭子化书·俭化》："奢者富不足，俭者贫有余，奢者心常贫，俭者心常富。"意谓奢侈的人经常感到不满足，内心贫瘠。

【蛇入竹筒，曲性犹在】筒：竹筒。曲性：指蛇的盘曲的属性。宋·陈元靓《事林广记·辛集》卷下："秦时有人家二兄弟，专好妄语⋯⋯（弟）钻入水中去，去势稍猛，忽被顽石撞破着头，忙出来，鲜血淋漓。兄问：'你头如何破着？'答云：'龙王嫌我来得迟，将鼓槌打数十下，痛不可忍。'谚云：'蛇入竹筒，曲性犹在。'

其此之谓欤!"比喻本性难改。

【蛇心佛口】蛇心：蛇蝎的心肠。佛口：佛的嘴巴。明·王玉峰《焚香记·构祸》："他欺人也索神不佑，王魁你恶狠狠蛇心佛口，我便到了黄泉，也须把你这歹魂儿勾，定与我倒断了前番咒。"形容伪善的人心肠狠毒而说话好听、慈祥。

【设弧之辰】弧：弓。辰：时辰。语出《礼记·内则》："子生，男子设弧于门左，女子设帨于门右。"古时风俗，生了男孩就在家门口的左首挂一张弓。旧时也指男子的生日。

【设帨之辰】帨（shuì）：女子的佩巾，类似现在的毛巾。辰：时辰。语出《礼记·内则》："子生，男子设弧于门左，女子设帨于门右。"古时风俗，生了女孩就在家门口的右首放一条佩巾。旧时也指女子的生日。

【摄职从政】摄职：代理官职。从政：处理政务。南朝·梁·周兴嗣《千字文》："学优登仕，摄职从政。存以甘棠，去而益咏。"意谓选择一个合适的职位，从事政务，治理国事。

【身名俱泰】身：身份。名：名誉。俱泰：全都安宁。《南史·王彧传》："忠不背国，勇不逃死，百世门户，宜思后计，孰与仰药自全，则身名俱泰，睿请先驱蝼蚁。"名誉、地位都安稳。形容生活舒适。

【身言书判】身言：指身材相貌、言词谈吐。书判：指书法文字、判案法理。语出《新唐书·选举志》："凡择人之法有四：一曰身，体貌丰伟；二曰言，言辞辩正；三曰书，楷法遒美；四曰判，文理优长。四事皆可取，则先德行；德均以才；才均以劳。"指唐代选拔官吏的四条标准，对以后历代选官制度产生了深远的影响。

【深藏若虚】藏：隐藏。虚：空，没有。《史记·老庄申韩列传》："吾闻之，良贾深藏若虚，君子盛德，容貌若愚。"司马贞索引：

"深藏谓隐其宝货,不令人见,故云'若虚'。"意谓精于卖货的人隐藏宝货,不轻易令人见。比喻有真才实学的人不露锋芒。

【深刺腧髓】 腧(shù):腧穴,人体上的穴道。髓(suǐ):骨髓。宋·叶适《覆瓿集·序》:"使读者剖丝析微,深刺腧髓,渠不开智。"意谓穿穴入骨。形容深透理解。

【深耕易耨】 耨:除草的工具。易耨:勤于除草。《孟子·梁惠王上》:"王如施仁政于民,省刑罚,薄税敛,深耕易耨,壮者以暇日修其孝悌忠信,入以事其父兄,出以事其长上,可使制梃,以挞秦楚之坚甲利兵矣。"东汉·赵岐注:"易耨,芸苗令简易也。"朱熹注:"易,治也;耨,耘也。"意谓深耕细作,精心耕耘。

【深文周纳】 深文:使法律条文尽量苛刻。周:周密,不放松。纳:想方设法使人陷入其中。语出《史记·酷吏列传》:"(张汤)与赵禹共定诸律令,务在深文,拘守职之吏。"《汉书·路温舒传》:"上奏畏却,则锻炼而周纳之。"意谓苛刻地制定、歪曲和援引法律条文,给无罪的人罗织罪状,毫无根据地强加人罪名。

【深肖朕躬】 肖:像。朕躬:我,我身,多用于天子自称。清·康熙皇帝(爱新觉罗·玄烨)《康熙遗诏》:"雍亲王皇四子胤禛,人品贵重,深肖朕躬,必能克承大统,著继朕登基,即皇帝位。"意谓很像我。

【深中肯綮】 肯綮(qìng):筋骨结合的地方,比喻关键的部分。语出《庄子·养生主》:"技经肯綮之未尝,而况大軱乎!良庖岁更刀,割也;族庖月更刀,折也。今臣之刀十九年矣,所解数千牛矣,而刀刃若新发于硎。"比喻分析问题深刻,击中要害,能阐述到点子上。

【神融气泰】 融:融洽,调和。泰:安定,安泰。金·王若虚《四醉图美》:"漠乎其如忘其声,茫乎其如忘其形,神融气泰,无欲而无营,渺乎其如物之莫撄也。"形容神情融和,气息通泰。

【审如其言】审:确实,确定的。语出东汉·王充《论衡》:"称言命者,有命审矣。"意谓相信、肯定他人的言与行。

【升堂拜母】升:登上。堂:古代指宫室的前屋。拜母:拜见对方的母亲。西晋·陈寿《三国志·吴书·周瑜传》:"坚子策与瑜同年,独相友善,瑜推道南大宅以舍策,升堂拜母,有无通共。"古代友谊深厚的人,相访时先拜见对方的母亲。指互相拜结为友好人家。

【生栋覆屋】生:新的,没有加工过的。栋:房屋的正梁。覆:倾覆。《管子·形势》:"生栋覆屋,怨怒不及;弱子下瓦,慈母操棰。"用新伐之木作屋梁,木头容易变形,房屋容易倒塌。比喻祸由自取,怨不得他人。

【生息蕃庶】蕃(fán):繁殖,茂盛。庶(shù):众,多。《清史稿·食货志一》:"其后土、客生息蕃庶,岁屡有秋,关内汉回携眷诚恳,络绎相属。"意谓生养繁殖后代。

【生张熟魏】生:陌生。张、魏:都是姓,泛指众人。熟:熟悉。语出宋·沈括《梦溪笔谈》:"君为北道生张八,我是西州熟魏三。莫怪樽前无笑语,半生半熟未相谙。"生疏的张八,熟悉的魏三。比喻互不熟悉的人或泛指认识及不认识的人。

【绳愆纠谬】绳:木工用的校曲直的墨线,引申为纠正。愆(qiān):过错。纠:检举。谬:错误。《尚书·囧命》:"惟予一人元良,实赖左右前后有位之士,匡其不及,绳愆纠谬,格其非心,俾克绍先烈。"意谓举发和纠正错误。

【绳趋尺步】绳、尺:木工校曲直、量长短的工具,引申为标准、法度。趋:快走。宋·苏洵《广士》:"而绳趋尺步、华言华服者,往往摈弃不用。"形容行动合乎法度。

【虱处裈中】虱：寄生在人、畜身上的小虫。裈（kūn）：同"裤"，古代指有裆的裤子。语出三国·魏·阮籍《大人先生传》："独不见群虱之处裈中，逃乎深缝，匿乎坏絮，自以为吉宅也。行不敢离缝际，动不敢出裈裆，自以为得绳墨也。饥则啮人，自以为无穷食也。然炎丘火流，焦邑灭都，群虱死于裈中而不能出也。汝君子之处区内，亦何异夫虱之处裈中乎！"如同虱子躲匿在裤缝、坏絮之中。比喻见识狭隘。也比喻世俗生活的拘窘局促。

【虱胫虮肝】虱：寄生在人、畜身上的小虫。虮：虱子的卵。语出战国·楚·宋玉《小言赋》："烹虱胫，切虮肝，会九族而同噬，犹委余而不殚。"虱子的小腿，虮子的肝脏。比喻非常微小的东西。

【识二五而不知十】二五：两个五合起来为十。语出《史记·越王勾践世家》："且王之所求者，斗晋楚也；晋楚不斗，越兵不起，是知二五而不知十也。"知道两个五是多少，却不知道十是什么意思。形容只知其一不知其二。也比喻看问题片面孤立。

【食马留肝】食：吃。留：留下。语出《史记·封禅书》："文成食马肝死耳。"唐·韦庄《又玄集序》："但思其食马留肝，徒云染指；岂虑其烹鱼去乙，或致伤鳞。"吃马肉时要留下马肝，因马肝有毒。后反其意而用之，比喻未能吸取精华。

【食前方丈】方丈：一丈见方。《孟子·尽心下》："食前方丈，侍妾数百人，我得志弗为也。"在吃饭时，面前一丈见方的地方摆满了食物。形容生活极其奢侈。

【豕交兽畜】豕（shǐ）交：待人如待猪一样。兽畜：养人如养禽兽一样。语出《孟子·尽心上》："食而弗爱，豕交之也；爱而弗敬，兽畜之也。"比喻对人不尊重，将人当牲畜看待。

【豕虱濡濡】豕（shǐ）：猪。濡濡：苟且偷安的样子。语出《庄子·徐无鬼》："濡濡者，豕虱是也。"比喻在个人的小天地里苟且偷安，自我陶醉。

【使臂使指】 使：用，使用。语出《管子·轻重乙》："若此，则如胸中使臂，臂之使指也。"《汉书·贾谊传》："令海内之势，如身之使臂，臂之使指，莫不制从。"像使用自己的手臂和手指一样。比喻指挥自如，得心应手。

【使功不如使过】 使：使用。功：功劳，功勋。过：过失，过错。语出《后汉书·索卢放传》："太守受诛，诚不敢言，但恐天下惶惧，各生疑复。夫使功者不如使过，愿以身代太守之命。"与其使用有功勋之人，不如起用有过失的人，使其能将功补过。

【使贪使愚】 使：使用。贪：不知足，贪欲。愚：笨，愚蠢。《新唐书·侯君集传》："军法曰：'使智使勇，使贪使愚；故智者乐立其功，勇者好行其志，贪者邀趋其利，愚者不计其死。'是以前圣使人，必将所长而弃所短。"意谓用人之短也可以为己服务。比喻利用人的不同特点，发挥其所长。

【使羊将狼】 使：派遣。将：统率，指挥。《史记·留侯世家》："太子所与俱诸将，皆尝与上定天下枭将也，今使太子将之，此无异使羊将狼也，皆不肯为尽力，其无功必矣。"派羊去指挥狼。意谓以力弱者率领势强者或由仁厚之人驾驭虎狼之辈，难以奏功。

【士饱马腾】 士：将士。语出唐·韩愈《平淮西碑》："士饱而歌，马腾于槽。"清·冯桂芬《与吉抚部书》："且两年中士饱马腾，支应不匮，亦有微劳。"形容军中粮饷充足，士气旺盛。

【士俗不可医】 俗：庸俗。医：治疗。宋·苏轼《于潜僧绿筠轩》："宁可食无肉，不可使居无竹。无肉令人瘦，无竹令人俗。人瘦尚可肥，士俗不可医。"意谓人的俗气太深，不可救药。

【视丹如绿】 丹：红。三国·魏·郭遐叔《赠嵇叔夜》："思念君子，温其如玉；心之忧矣，视丹如绿。"把红的看成绿的。形容因过分忧愁而目视昏花。

【视民如伤】视：重视。伤：受伤害；损坏。《左传·哀公元年》："臣闻国之兴也，视民如伤，是其福也；其亡也，以民为土芥，是其祸也。"把民众当作受伤的病人一样照顾。比喻顾恤民众的疾苦。

【室迩人远】迩（ěr）：近。语出《诗经·郑风·东门之墠》："其室则迩，其人甚远。"宋·朱熹《朱熹集传》："室迩人远者，思之而未得见之一词也。"本指思慕而不得见。后也用于怀念亲故或悼念亡者。

【室如悬磬】磬：古代一种石制的乐器，悬挂在架子上敲击。《国语·鲁语上》："室如悬磬，野无青草，何恃而不恐。"室中空无所有。本指府库空虚。后形容一贫如洗。

【释回增美】释回：去除邪辟。语出《礼记·礼器》："礼，释回，增美质。"《旧唐书·归崇敬传》："国家创业，制取贤之法，立明经，发微言于众学，释回增美，选贤与能。"意谓去除邪辟而增益美性。

【誓泉之讥】誓：发誓。泉：黄泉，谓死。讥：讥讽。语出《左传·隐公元年》："遂寘姜氏于城颍，而誓之曰：'不及黄泉，无相见也！'既而悔之。"形容因对母亲发过绝情誓言而受到的非议。

【舒吭一鸣】舒：舒展。吭：喉咙。语出清·王夫之《夕堂永日绪论内编》卷三十七："观子瞻乌台诗案，甚远谪穷荒，诚自取之矣。而抑不能昂首舒吭以一鸣，三木加身，则曰'圣主如天万物春'，可耻孰甚焉！"意谓放声发表意见或充分发泄愤慨情绪。

【输攻墨守】输：指公输盘，春秋鲁国人，也称鲁班。墨：即墨翟，墨子。语出《墨子·公输》："于是见公输盘。子墨子解带为城，以牒为械。公输盘九设攻城之机变，墨子九距之。公输盘之攻械尽，墨子之守圉有余。"意谓有一种进攻的战术，就会有一种防守的方法。形容攻守战略等国家大事。

【鼠入牛角】牛角：牛的角，长且狭窄。《新五代史·南汉世家·刘玢》："奈何吾子孙不肖，后世如鼠入牛角，势当渐小尔。"意谓钻牛角尖。引申为路越走越窄，没有前景，能力和作为江河日下。也比喻势力愈来愈小。

【束雪量珠】束：集束。量：衡量。宋·陶谷《清异录·官志》："王播拜诸道盐铁转运使，秘书丞许少连贺启云：'撷金炼玉，束雪量珠。'"旧时对盐政的美称。意谓其是一个肥差。

【树德务滋】树：树立。德：德行。务：必须。滋：增益。《尚书·泰誓下》："树德务滋，除恶务本。"意谓向百姓推行仁德，施予恩惠，务必广泛充分，力求普遍。

【衰庸阘懦】衰：变衰败。庸：平庸，没有作为。阘（tà）：地位低下、懦弱无能。明·唐顺之《与陈苏山职方书》："盖部中只见其报功，而不知其为衰庸阘懦一筹莫展之人也。"形容人庸弱无能，没有作为。

【税外方圆】方圆：原指周围，此指税收范围。宋·司马光《资治通鉴·唐德宗贞元十二年》："初，上以奉天窘乏，故还宫以来，尤专意聚敛。藩镇多以进奉市恩，皆云'税外方圆'。"不是税收范围之内的事物或领域。意谓收刮民脂民膏。

【舜日尧年】舜、尧：古代贤君。南朝·梁·沈约《四时白纻歌·夏白纻》："佩服瑶草驻容色，舜日尧年欢无极。"原用于称颂帝王的盛德。后比喻太平盛世。

【铄懿渊积】铄（shuò）：同"烁"。懿（yì）：美好。渊：精深的见识。明·张居正《素庵戴公墓志铭》："然其铄懿渊积，庇于后来者远矣。"形容德行美好，学问渊博精深。

【搠笔巡街】搠（shuò）：插。巡街：在大街上走。元·郑廷玉《看钱奴》第二折:"我则道留下青山怕没柴,拼的个搠笔巡街。"插着毛笔在街上走。形容贫困的文人沿街卖诗文。

【司农仰屋】 司农:官名,汉始置,主管钱谷之事。仰屋:卧而仰望屋梁,喻无计可施。出自清·欧阳钜源《廿载繁华梦》第三十回:"朝廷因连年国费浩烦,且因赔款又重,又要办理新政,正在司农仰屋的时候,势不免裁省经费。"意谓主管钱粮的官员面对现状一筹莫展,无计可施。形容国库空虚,财政拮据。

【丝恩发怨】 丝、发:细丝和头发,形容细小。怨:仇恨,怒恨。宋·司马光《资治通鉴·文宗太和九年》:"是时李训、郑注连逐三相,威震天下,于是平生丝恩发怨,无不报者。"形容细微的恩恩怨怨。

【思虑恂达】 思:思索。虑:考虑。恂(xún)达:通达。《庄子·知北游》:"邀于此者,四肢强,思虑恂达,耳目聪明。"形容人的头脑有识辨能力,思索考虑十分通达。

【四不拗六】 拗(ào):不顺从。明·凌濛初《二刻拍案惊奇》卷一:"辨悟四不拗六,抵当众人不住,只得解开包袱,摊在舱板上。"意谓少数人不能违反多数人的意见。

【四大五常】 四大:儒家指天、地、亲、师;释家指地、水、火、风;道家指道、天、地、人。五常:指君臣、父子、兄弟、夫妇、朋友(五伦),父义、母慈、兄友、弟恭、子孝(五教),金、木、水、火、土(五行)等说。南朝·梁·周兴嗣《千字文》:"盖此身发,四大五常,恭惟鞠养,岂敢毁伤?"指对伦理道德的概括。

【四方辐辏】 辐辏(fúcòu):意谓人或物聚集像车辐集中于车毂一样。《汉书·叔孙通传》:"人人奉职,四方辐辏。"形容四方的人才或货物汇聚到一起。

【四离四绝】 四离:指春分、夏至、秋分、冬至四个节气的前一日。四绝:指立春、立夏、立秋、立冬四个节气的前一日。语出明·张岱《夜航船·天文部·时令》:"冬至、夏至、春分、秋分前一日谓之四离。立春、立夏、立秋、立冬之前一日谓之四绝。"指日常生活中的重要日子,含有自然规律。

【四清六活】四清:指眼、耳、鼻、舌感觉分明。六活:指礼、乐、射、御、书、数运用灵活。明·施耐庵《水浒传》第十九回:"这几个都是惯久做公的,四清六活的人,却怎地也不晓事,如何不着一只船转来回报?"形容人机灵干练。

【四时八节】四时:指春、夏、秋、冬。八节:指立春、春分、立夏、夏至、立秋、秋分、立冬、冬至。唐·杜甫《狂歌行赠四兄》:"四时八节还拘礼,女拜弟妻男拜弟。"泛指一年中的各个节气。

【四时气备】四时:指春、夏、秋、冬。备:具备。语出南朝·宋·刘义庆《世说新语·德行》:"谢太傅绝重诸公,常称'褚季野虽不言而四时之气亦备'。"四时之气具备。比喻人的气度弘远。

【四亭八当】亭、当:即停当、妥帖。宋·朱熹《答吕伯恭书》:"不知如何整顿得此身心四亭八当,无许多凹凸也。"形容事情都安排得十分妥帖。

【四姻九戚】姻:因婚姻联成的亲戚。戚:亲戚。语出《后汉书·皇后纪上》:"而宗门广大,姻戚不少。"形容亲戚极多。

【驷不及舌】驷:套着四匹马的车。舌:指说出口的话。《论语·颜渊》:"子贡曰:'惜乎!夫子之说君子也,驷不及舌。'"言已出口,驷马难追。比喻出言当慎重。

【驷之过隙】驷:套着四匹马的车。隙:缝隙,裂隙。语出《墨子·兼爱下》:"人之生乎地上之无几何也,譬之犹驷驰而过隙也。"《礼记·三年问》:"三年之丧,二十五月而毕。若驷之过隙,然而遂之,则是无穷也。"形容光阴飞逝。

【悚惧恐惶】悚:害怕,恐惧。惶:惊慌。南朝·梁·周兴嗣《千字文》:"稽颡再拜,悚惧恐惶。"意谓行跪拜大礼的时候,心情要惶恐敬慎，极度虔诚。

【宋斤鲁削】 斤：砍树木用的斧头。削：刻削用的曲刀。语出《周礼·考工记序》："郑之刀，鲁之削，吴越之剑，迁乎其地而弗能为良，地气然也。"郑玄注："去此地而作之则不能使之良也。"为精良工具的代称。

【搜扬仄陋】 搜：寻找。扬：选拔，举荐。仄（zè）陋：卑微，引申指地位低微。语出《尚书·尧典》："明明扬侧陋。"孔氏传："明举明人在侧陋者。"唐·王维《与魏居士书》："高世之德，欲盖而彰。又属圣主搜扬仄陋，束帛加璧，被於岩穴，相国急贤，以副旁求，朝闻夕拜，片善一能……"意谓寻找和举荐地位低微的贤能之士。

【苏海韩潮】 苏、韩：宋时的苏轼与唐朝的韩愈。海、潮：比喻文章的气势。清·孔尚任《桃花扇·听稗》："早岁清词，吐出班香宋艳；中年浩气，流成苏海韩潮。"意谓唐朝韩愈与宋时苏轼的诗文风格皆雄浑豪迈。

【夙兴温凊】 夙（sù）：早晨。兴：起床。温凊（qìng）：冬天把被子焐暖，夏天把席子扇凉。南朝·梁·周兴嗣《千字文》："临深履薄，夙兴温凊。"古时强调的为人子之礼。意谓要早起晚睡，精神十足地伺候父母，让他们冬暖夏凉，过好每一天。

【溯流徂源】 溯：逆水流方向行。徂（cú）：往，去。宋·周密《齐东野语·道学》："其能发明先贤旨意，溯流徂源，论著讲解卓然自为一家者。"循流而上，到达源头。比喻追根究底，深求本源。

【随风倒舵】 舵：也作"柂"，船控制方向的装置。语出宋·陆游《醉歌》："相风使帆第一筹，随风倒柂更何忧。"明·冯梦龙《警世通言》第二十卷："赵公是个随风倒舵没有主意的老儿。"意谓顺着情势发展而转变态度。比喻相机行事。

【缩地补天】缩地：将地缩短，传说中化远为近的神仙之术。补天：修补苍天。《旧唐书·音乐志》："高祖缩地补天，重张区宇，还魂肉骨，再造生灵。"把地缩小，将天补好。形容有改天换地的能力。

【所得戋戋】戋戋（jiānjiān）：浅少、显露的样子。语出《周易·贲卦》："贲于丘园，束帛戋戋，吝，终吉。"意谓得到的极少。

【琐事萦怀】琐：细小，零碎。萦：缠绕。清·陈维崧《送入我门来·酿酒》："闷倚牙屏，慵拈兔管，家乡琐事萦怀。"意谓被大量细小琐碎的事缠绕或牵挂。

T

【太仓一稊米】 太仓：古代京师储谷的大仓。稊（tí）：小米粒。语出《庄子·秋水》："计中国之在海内，不似稊米之在大仓乎？"唐·白居易《和思归乐》："人生百岁内，天地暂寓形。太仓一稊米，大海一浮萍。"太仓中的一粒米。比喻极其渺小。

【泰而不骄】 泰：安定，舒泰。骄：骄傲，骄恣。《论语·子路》："子曰：'君子泰而不骄，小人骄而不泰。'"形容态度安详，泰然而不骄傲。也指有地位、有权势后不骄傲。

【泰山梁木】 泰山：东岳，位于山东泰安境内。梁木：栋梁。语出《礼记·檀弓上》："孔子蚤作，负手曳杖，消摇于门，歌曰：'泰山其颓乎！梁木其坏乎！哲人其萎乎！'"泰山崩塌，梁木毁坏。比喻伟人死亡。

【泰山压卵】 泰山：东岳，位于山东泰安境内。卵：鸡蛋。《晋书·孙惠传》："猛兽吞狐，泰山压卵，因风燎原，未足方也。"比喻力量强弱悬殊，强者必定胜利。

【贪贿无艺】 贪：贪污。贿：受贿。艺：指限度。语出《国语·晋语八》："及桓子，骄泰奢侈，贪欲无艺，略则行志，假贷居贿，宜及于难。"贪污受贿没有限度。形容人无限制地搜刮钱财。

【谈笑封侯】 谈笑：又谈又笑，谈笑之间。封侯：封拜侯爵。语出唐·杜甫《复愁》："胡虏何曾盛，干戈不肯休。闾阎听小子，谈笑觅封侯。"元·辛文房《唐才子传·张谓》："自矜奇骨，必谈笑封侯。"在谈笑之间就拜封了侯爵。形容官升达贵轻松容易。

【谈言微中】微：隐约曲折。中：切中事理。《史记·滑稽列传》："天道恢恢，岂不大哉！谈言微中，亦可以解纷。"形容说话委婉曲折而切中事理。

【探幽穷赜】探：探测，寻求。穷：追究，穷尽。赜（zé）：幽微玄妙。《晋书·潘尼传》："抽演微言，启发道真，探幽穷赜，温故知新。"搜索隐秘的事情，探究深奥的道理。

【汤武放伐】汤、武：即商汤、周武王。放：流放。伐：征讨，讨伐。语出《孟子·梁惠王下》："齐宣王问曰：'汤放桀，武王伐纣，有诸？'"明·顾璘《鸣蛙赋》："唐虞受禅，舜禹雍和，汤武放伐，伊吕攫拿。"指以武力讨伐并放逐暴虐的君主。

【陶侃之僻】陶侃：东晋时名将。僻：怪僻。语出南朝·宋·刘义庆《世说新语·政事》："陶公性检厉，勤于事。作荆州时，敕船官悉录锯木屑，不限多少，咸不解其意。后正会，值积雪始晴，听事前除雪后犹湿，于是悉用木屑覆之，都无所妨。官用竹皆令录厚头，积之如山。后桓宣武伐蜀装船，悉以作钉。"形容爱惜物力、物尽其用。

【陶犬瓦鸡】陶犬：用陶土制成的犬。瓦鸡：用泥土制成的鸡。语出南朝·梁·萧绎《金楼子·立言》："夫陶犬无守夜之警，瓦鸡无司晨之益。"明·程登吉《幼学琼林·鸟兽》："真是城狐社鼠，空存无用，何殊陶犬瓦鸡。"形容空有外形而不实无用之物。

【腾蛟起凤】腾：上升，腾飞。起：起舞。唐·王勃《滕王阁序》："腾蛟起凤，孟学士之词宗；紫电清霜，王将军之武库。"蛟龙腾空，凤凰起舞。形容文章华美流动。也比喻人才众多，各显其能。

【梯山航海】梯山：如同爬梯子一样地登山。《宋书·明帝纪》："日月所照，梯山航海，风雨所均，削衽袭带。所以业圆盛汉，声溢隆周。"攀登高山，航行大海。比喻长途跋涉，经历险阻。

【天保九如】九如：指《诗经·小雅·天保》中连用九个"如"字，有祝贺福寿之意。《诗经·小雅·天保》："天保定尔，以莫不兴。如山如阜，如冈如陵，如川之方至，以莫不增……如月之恒，如日之升，如南山之寿，不骞不崩，如松柏之茂，无不尔或承。"清·刘坤一《万寿点景工需续申报效折》："窃念臣等疆圻忝领，寿宇同登，申命遥承，寅恭倍切，无小无大，咸抒华封三祝之诚，自北自南，齐上天保九如之颂。"旧时祝寿用语，意在祝贺福寿绵长。

【天方荐瘥】荐瘥（jiànchài）：一再发生疫病。《诗经·小雅·节南山》："天方荐瘥，丧乱弘多。民言无嘉，憯莫惩嗟。"郑玄注："天气方今又重以疫病。"意谓老天正在连接不断地降疫病、灾难。

【天寒地坼】坼（chè）：裂开干裂。明·程敏政《孤松挺秀图为用礼题》："天寒地坼万木凋，何许直干凌丹霄。"天冷得居然把地都冻裂了。形容天气极其寒冷。

【天悬地隔】悬：距离远。隔：隔开。语出《南齐书·陆厥传》："一人之思，迟速天悬；一家之文，工拙壤隔。"清·曹雪芹《红楼梦》第五十五回："真真一个娘肚子里跑出这样天悬地隔的两个人来，我想到那里就不服。"天上地下，差别极大。形容两者相距极远。

【调三斡四】调：挑拨。斡（wò）：尽中调停。三、四：借指事端、是非。元·吴昌龄《张天师》："你休那里便伶牙俐齿，调三斡四，说人好歹，讦人暧昧。"形容挑拨，播弄是非。

【调弦理万民】调弦：弹奏弦乐器。万民：众百姓。语出《论语·阳货》:"子之武城,闻弦歌之声。夫子莞尔而笑曰:'割鸡焉用牛刀!'子游对曰:'昔者偃也闻诸夫子曰:君子学道则爱人,小人学道则易使也。'"何晏集注:"道谓礼乐也。"元·石子章《竹坞听琴》:"你可甚端冕临三辅,调弦理万民。"形容礼乐治民。

【铁网珊瑚】 铁网:用铁丝编成的网。唐·李商隐《碧城》:"玉轮顾兔初生魄,铁网珊瑚未有枝。"用铁丝网网取珊瑚。比喻搜求人才或奇珍异宝。

【铁中铮铮】 铮铮:金属撞击时发出的声音。《后汉书·刘盆子传》:"帝曰:'卿所谓铁中铮铮,佣中佼佼者也。'"能发出铮铮响声的好铁。形容同类之中比较优秀者或才能出众的人。

【通功易事】 通:往来,交接。功:所从事的各种工作。易:交易。《孟子·滕文公下》:"子不通功易事,以羡补不足,则农有余粟,女有余布;子如通之,则梓匠轮舆皆得食于子。"形容人与人之间的分工合作,有无互通。

【铜山铁壁】 铜山:蕴藏、出产铜矿的山。铁壁:坚黑如铁的石崖。《宋史·李伯玉传》:"赵汝腾尝荐八士,各有品目,于伯玉曰:'铜山铁壁。'立朝风节,大较似之。"形容坚固的防御物。也形容立身气节坚毅不阿。也比喻可信赖的坚强人物。

【痛痒相关】 痛:疾病、创伤引起的难受感觉。痒:皮肤等受到刺激需要抓挠的感觉。宋·真德秀《真文中集》:"人无兄弟,如无四肢;痛痒相关,实同一体。"形容关系密切或利益相关。

【投隙抵巇】 投隙:乘隙,伺机。抵:击实也。巇(xī):见缝钻营。宋·秦观《朋党上策》:"君子信道笃,自知明,不肯偷为一切之计。小人投隙抵巇,无所不至也。"形容利用矛盾,伺机钻营。

【徒托空言】 徒:白白地。托:寄托。空言:空话。语出《史记·太史公自序》:"子曰:'我欲载之空言,不如见之于行事之深切著明也。'"清·李宝嘉《文明小史》第四十六回:"我在西报上,看见这种议论,也不止一次了,耳朵里闹闹吵吵,也有了两三年了,光景是徒托空言罢?"只说空话,并不实行。形容白白把希望寄托于空话。

【屠门大嚼】 屠门:肉铺。嚼:咀嚼。语出东汉·桓谭《新论·祛蔽》:"人闻长安乐,则出门而向西笑;知肉味美,则对屠门而大嚼。"三国·魏·曹植《与吴质书》:"过屠门而大嚼,虽得肉,贵且快意。"意谓对羡慕而不能得到的事物,只能用不切实际的办法安慰自己。

【土阶茅屋】 土阶:用泥土砌的台阶。茅屋:用茅草盖的屋顶。《周书·武帝纪下》:"上栋下宇,土阶茅屋。"形容居住十分简陋或生活俭朴。

【土壤细流】 细流:涓细的水流。语出《史记·李斯列传》:"是以太山不让土壤,故能成其大;河海不择细流,故能就其深。"清·李宗裕《挽左宗棠联》:"愧我无能,数百言妄献刍忧,岂期土壤细流,尊酒从容劳下问;见公何晚,两三载方依莲幕,讵意山颓木坏,瓣香和泪哭元勋。"比喻细微、不足道之物。

【吐刚茹柔】 茹:吃。柔:软弱的。语出《诗经·大雅·烝民》:"人亦有言,柔则茹之,刚则吐之。"《汉书·薛宣传》:"前为御史中丞,执宪毂下,不吐刚茹柔,举错时当。"把硬的吐出来,将软的吃下去。比喻凌弱畏强,欺软怕硬。

【兔起凫举】 起:离开。凫(fú):野鸭。举:飞。《吕氏春秋·论威》:"凡兵,欲急疾捷先。……急疾捷先,此所以决义兵之胜也。而不可久处,知其不可久处,则知所兔起凫举死殙之地矣。"如同兔一般奔跑、野鸭一样急飞。比喻行动迅速。

【退有后言】 退:离开。后言:背后议论。《尚书·益稷》:"予违汝弼,汝无面从,退有后言。"孔颖达传:"我违道,汝当以正义辅正我，无得面从我违，而退后有言我不可弼。"形容当面顺从，背后有异议。

【吞纸抱犬】吞：不嚼或不细嚼而咽下。吞纸：因断炊，吞纸充饥。抱犬：天寒而抱犬取暖。语出北齐·颜之推《颜氏家训·勉学》："义阳朱詹，世居江陵，后出扬都，嗜学，家贫无资，累日不爨，乃时吞纸以实腹；寒无毡被，抱犬而卧。"吞纸充饥，抱犬取暖。形容不畏艰难困苦，贫而好学。

【托之空言】托：假托。空言：指不切实际或毫无根据的话。东汉·赵岐《孟子题辞》："仲尼有云：'我欲托之空言，不如载之行事之深切著明也。'"意谓只说空话，并不准备实行。

【拖紫垂青】拖：下垂。紫、青：古代高官系用的绶带颜色，汉制诸侯为紫色、公卿为青色。语出西汉·扬雄《解嘲》："纡青拖紫，朱丹其毂。"清·无名氏《大隋车骑秘书郎张君之铭》："昔年慷慨，拖紫垂青。"比喻官位显赫。

【拓土画疆】拓：开拓，扩大。画：划分。西晋·左思《吴都赋》："拓土画疆，卓荦兼并。包括干越，跨蹑蛮荆。"形容扩充划定疆域。

【跅驰不羁】跅（tuò）驰：放荡。羁（jī）：束缚。语出《汉书·武帝纪》："夫泛驾之马，跅弛之士，亦在御之而已。"清·黄周星《补张灵崔莹合传》："而又闻灵跅驰不羁，竟褫其诸生。"形容放荡不受拘束。

W

【挖耳当招】当：当作。明·冯梦龙《醒世恒言》卷二九："汪知县正想要去看菊，因屡次失约，好难启齿；今见特地来请，正是挖耳当招，深中其意。"把别人抬手挖耳朵的动作误认为是跟自己打招呼。比喻期待的心情非常迫切。

【外巧内嫉】外：表面。巧：巧言。内：内心。嫉：嫉妒。《汉书·翟义传》："兄宣静令色，外巧内嫉，所杀乡邑汝南者数十人。"表面上花言巧语地讨好别人，内心却充满着忌妒。

【丸泥封关】丸泥：即泥丸。封关：封住关隘。语出东汉·班固《东观汉记·隗嚣载记》："嚣将王元说嚣曰：'元请以一丸泥为大王东封函谷关，此万世一时也。'"意谓地势险要，用很少的兵力就能扼守住。

【顽廉懦立】顽：通"忨"，贪。懦：怯懦，软弱无能。语出《孟子·万章下》："故闻伯夷之风者，顽夫廉，懦夫有立志。"赵岐注："后世闻其风者，顽贪之夫更思廉洁，懦弱之人更思有立义之志也。"形容感化的力量强大，使贪婪者变得廉洁，使懦弱者能够自立。彰显志节之士对改造社会风气的模范作用。

【婉如清扬】婉：温婉。清扬：指眉目清秀。《诗经·郑风·野有蔓草》："有美一人，婉如清扬。"形容女子眉清目秀，妍丽温柔。

【万签插架】签：细长竹条，可书写文字。架：书架。语出唐·韩愈《送诸葛觉往随州读书》："邺侯家书多，插架三万轴。一一悬牙签，新若手未触。"宋·陆游《寄题徐载叔秀才东庄》："万签插架号东庄，多稼连云亦何有！"形容藏书之多，场面壮观。

【万世一时】 时：时机，机会。《史记·吴王濞列传》："彗星出，蝗虫数起，此万世一时，而愁劳圣人之所起也。"万世之中才有这么一个机会。形容极其难得的机会。

【亡戟得矛】 戟（jǐ）、矛：古时长柄武器。《吕氏春秋·离俗》："亡戟得矛，可以归乎？"意谓得失相当，或得失不相抵。比喻有失有得。

【网开三面】 网：指捕禽兽的网。开三面：撤去、敞开三面。语出《史记·殷本纪》："汤出，见野张网四面，祝曰：'自天下四方皆入吾网。'汤曰：'嘻，尽之矣。'乃去三面，祝曰：'欲左，左；欲右，右。不用命，乃入吾网。'诸侯闻之曰：'汤德至矣，及禽兽。'"把捕捉禽兽的网撤去三面。比喻采取宽容态度，给人一条出路。

【网漏吞舟】 网：渔网，比喻法网。网漏：指法网疏阔。吞舟：吞舟的大鱼，比喻大奸。语出《史记·酷吏列传序》："汉兴，破觚而为圜，斫雕而为朴，网漏于吞舟之鱼，而吏治烝烝，不至于奸，黎民艾安。"唐·李白《天长节度使鄂州刺史韦公德政碑序》："今网漏吞舟，而胡夷起於毂下。"渔网的网眼太大，漏掉了吞舟的大鱼。比喻法令过于宽恕，使罪大恶极者逃脱了法律的制裁。

【枉尺直寻】 枉：弯曲。寻：古代的长度单位，八尺为一寻。语出《孟子·滕文公下》："枉尺而直寻，宜若可用也。"《后汉书·张衡传》"枉尺直寻，议者饥之，盈欲亏志，孰云非羞？"弯曲的只有一尺，伸直的却有八尺。比喻在小处作出让步，以求在大的方面获取利益。

【枉道速祸】 枉道：邪门歪道。速：招致。祸：祸患。宋·司马光《训俭示康》:"君子多欲则贪慕富贵,枉道速祸;小人多欲则多求妄用,败家丧身,是以居官心贿,居乡必盗。"意谓用不正当的手段谋取利益,必然招致祸患。

【罔谈彼短】罔:不要。彼:别人。南朝·梁·周兴嗣《千字文》:"罔谈彼短,靡恃己长。"意谓不要随意谈论他人的短处。

【妄下雌黄】雌黄:古人抄书、校书时涂改文字用的橙黄色的颜料。北齐·颜之推《颜氏家训·勉学》:"校定书籍,亦何容易?自扬雄刘向方称此职耳。观天下书未遍,不得妄下雌黄。"形容乱加审窜,乱发议论。后称不顾事实、随口乱说为"信口雌黄"。

【妄言妄听】妄:随便。语出《庄子·齐物论》:"予尝为女妄言之,女以妄听之。"清·袁枚《新齐谐序》:"妄言妄听,记而存之,非有所感也。"随便说说,姑且听听。意谓说话的人和听话的人都随便、不认真。

【妄言则乱】妄:胡乱。妄言:胡言乱语。《淮南子·主术训》:"夫目妄视则淫,耳妄听则惑,口妄言则乱,夫三关者,不可不慎守也。"随意说话,往往会造成乱子或灾祸。意谓说话应该谨慎。

【望衡对宇】衡:通"横",用横木作门,这里指门。宇:屋檐,指屋子。北魏·郦道元《水经注》:"沔水中有鱼梁洲,庞德公所居,士元居汉之阴……司马德操宅洲之阳;望衡对宇,欢情自接。"门庭相对,可以互相望见。形容彼此住得很近。

【望门投止】投:投降。止:停止;引申为居住、栖息。《后汉书·张俭传》:"俭得亡命,困迫遁走,望门投止,莫不重其名行,破家相容。"看见有人家就去投宿。形容逃难或处境窘迫之时暂求栖身的急迫情景。

【望杏瞻蒲】蒲:菖蒲。语出南朝·陈·徐陵《徐州刺史侯安都德政碑》:"望杏敦耕,瞻蒲劝穑。"意谓指按时令劝勉耕种。

【望岫息心】岫(xiù):高大的山峰。《南史·何点传》:"豫章王嶷命驾造点,点从后门遁去。司徒竟陵王子良闻之,曰:'豫章王尚,吾当望岫息心。'"看到高大的山峰而止住竞进之心。形容遁世隐居。也比喻知难而止息。

【为虎傅翼】为:替,给。傅:添加。翼:翅膀。《逸周书·寤敬篇》:"毋为虎傅翼,将飞入邑,择人而食之。"给老虎加上翅膀。比喻帮助坏人,助长恶人的势力。

【为虺弗摧】虺(huǐ):小蛇,毒蛇。弗:不。摧:消灭。《国语·吴语》:"夫越王好信以爱民,四方归之;年谷时熟,日长炎炎,及吾犹可以战也,为虺弗摧,为蛇将若何?"小蛇不打死,大了就难办。比喻不乘胜歼灭敌人,必有后患。

【为人诖误】诖(guà):失误。诖误:因受人牵连而受谴责或处分;官吏因过失而遭谴责或失官。语出《战国策·韩策一》:"夫不顾社稷之长利,而听须臾之说,诖误人主者,无过于此者矣。"宋·苏轼《赵清献公神道碑》:"君子不幸而有诖误,当保持爱惜,以成就其德。"意谓被牵连而受处分或损害。

【唯力是视】唯:只。视:看。《左传·僖公二十四年》:"除君之恶,唯力是视。"杨伯峻注:"此犹竭尽己力而为。"意谓无论在什么情况下,能否达到目的,主要依靠自己的力量。

【委曲如琐】委曲:弯曲。琐:指雕镂的细小花纹。东汉·仲长统《见志诗(二首)》:"大道虽夷,见几者寡。任意无非,适物无可。古来绕绕,委曲如琐。百虑何为,至要在我。"形容人为名声、利禄所牵缠,如雕镂的琐细花纹一样弯曲连环伸展不开。

【委肉虎蹊】委:抛弃。蹊(xī):小路。语出《战国策·燕策二》:"是以委肉当饿虎之蹊,祸必不振矣。"把肉投放在饿虎所经过的路上。比喻处境危险,祸害将至。

【猬结蚁聚】猬结:如刺猬身上的刺那样集结。蚁聚:如蚂蚁般聚集。语出南朝·梁·任昉《奏弹曹景宗》:"故使猬集蚁聚,水草有依。"比喻人多并聚在一起。

【魏颗结草】魏颗：春秋时晋国大夫。语出《左传·宣公十五年》：春秋时晋魏颗不从父以嬖妾殉葬之命而遣嫁之。后其与秦将杜回战于辅氏，"颗见老人结草以亢杜回，杜回踬而颠，故获之。夜梦之曰：'余，而所嫁妇人之父也……余是以报。'"。五代·李瀚《蒙求》："灵辄扶轮，魏颗结草。"形容受恩深重，竭力报效。

【文搜丁甲】丁甲：即六丁六甲神。本为道教神名，后泛指天兵天将。明·陈汝元《金莲记·偕计》："诗泣鬼神，宝气半腾吴练；文搜丁甲，精芒全烁秦金。"比喻文章精妙，感动神灵。

【喔咿儒睨】喔咿：献媚的样子。儒睨：强笑的样子。战国·楚·屈原《卜居》："将呢訾栗斯，喔咿儒睨，以事妇人乎？宁廉洁正直，以自清乎？"形容厚着脸皮，强作欢颜。

【握椠怀铅】椠（qiàn）：古代供书写用的木板。铅：铅粉，古代用来点校书文或绘画的颜料。唐·史承节《后汉大司农郑公之碑》："今故寻源讨本，握椠怀铅，兼疏本传之文。"意谓随身携带笔简，以备记事。也比喻勤于写作或校勘。

【乌飞兔走】乌：金乌，指太阳。兔：玉兔，指月亮。语出唐·韩琮《春愁》："金乌长飞玉兔走，青鬓长青古无有。"明·许仲琳《封神演义》第十二回："乌飞兔走，瞬息光阴，暑往寒来，不觉七载。"古代传说日中有三足乌，故称太阳为金乌；月中有玉兔，故称月亮为玉兔。形容时光飞驰。

【屋下架屋】屋下：房屋之下。北齐·颜之推《颜氏家训·序致》："魏晋以来，所著诸子，理重事复，递相模敩，犹屋下架屋，床上施床耳。"形容机构或文章结构重叠。也比喻事物的重复。

【无病自灸】灸：中医的一种治疗方法，用艾叶等制成艾炷或艾卷烧灼或熏烤人体特定穴位。语出《庄子·盗跖》："柳下季曰：'跖得无逆汝意若前乎？'孔子曰：'然，丘所谓无病而自灸也。'"

没有病却自己用艾灸疗。比喻自寻痛苦或烦恼。

【无待蓍龟】 待：等待。蓍（shī）龟：蓍草与龟甲，古人用以占卜。语出《周易·系辞上》："探赜索隐，钩深致远，以定天下吉凶，成天下之娓娓者，莫大乎蓍甲。"不必等着蓍草和龟甲占卜，而凶吉已经大白。形容事态发展显而易见。

【无咎无誉】 咎：过失。誉：赞美。《周易·坤》："括囊，无咎无誉，盖言谨也。"孔颖达疏："闭其知而不用，故曰'括囊'。功不显物，故曰'无誉'；不与物忤，故曰'无咎'。"《汉书·赵敬肃王刘彭祖传》："问武始侯昌，曰：'无咎无誉。'上曰：'如是可矣。'遣使者立昌，是为顷王，十九年薨。"没有错误，没有功绩。形容工作及各方面表现一般。

【无可訾议】 訾（zǐ）议：非议。语出西汉·桓宽《盐铁论·诏圣》："瞽师不知白黑而善闻言，儒者不知治世而善訾议。"形容做得很完美，没有可以批驳的地方。

【无愧衾影】 衾（qīn）：被子。语出东汉·桓谭《新论·慎独》："故身恒居善，则内无忧虑，外无畏惧，独立不愧影，独寝不愧衾。"日行夜寝，没有做亏心事。形容光明正大，问心无愧。

【无适无莫】 适：可。莫：不可。语出《论语·里仁》："君子之于天下也，无适也，无莫也，义之于比。"三国·魏·刘劭《人物志·材理》："心平志论，无适无莫，期于得道而已矣。"形容待人处世不分厚薄，没有偏向。也比喻在坚持一定的目标下，善用灵活权宜手段。

【无盐不解淡】 解：除去。清·吴趼人《糊涂世界》第三回："也好，我连夜写几封信你带了去。但是无盐不解淡，总还得带些银子去。"比喻不下本钱就办不成事。

【无衣之赋】 赋：中国古典文学的一种文体。语出《左传·定公四年》春秋末，吴破楚，楚大夫申包胥到秦国求援，"立依于庭墙而哭，日夜不绝声,勺饮不入口。七日,秦哀公为之赋《无衣》,九顿首而坐,秦师乃出"。指哀求别国出师救援。

【吴牛喘月】吴:今长江下游一带。喘:急促地呼吸。语出东汉·应劭《风俗通·佚文》:"吴牛望月则喘,使之苦于日,见月怖,亦喘之矣。"唐·李白《丁都护歌》:"云阳上征去,两岸饶商贾。吴牛喘月时,拖船一何苦!"吴地天气炎热,水牛怕热,见到月亮误以为是太阳,就喘起气来。比喻遇见类似事物而胆怯。

【梧鼠五技】梧鼠:指鼯鼠。五技:据说鼯鼠有五种技能。《荀子·劝学》:"腾蛇无足而飞,梧鼠五技而穷。"杨倞注:"梧鼠当为鼯鼠,盖本误为鼫字,传写又误为梧耳……五技谓能飞不能上屋,能缘不能穷木,能游不能渡谷,能穴不能掩身,能走不能先人。"比喻技能多而不精,于事无益。

【五黄六月】五黄、六月:指农历五六月间。明·吴承恩《西游记》第二十七回:"只为五黄六月,无人使唤,父母又年老,所以亲身来送。"意谓农历五六月是农忙时节,人手紧张,忙不过来。

【五角六张】角、张:星宿名。唐·郑启《开天传言记》:"今日是千年一遇,叩头莫五角六张。"比喻做事不顺,七颠八倒。

【兀兀秃秃】兀(wū):指饮用的水或酒等不冷也不热。元·武汉臣《生金殿》第三折:"我如今可酿些不冷不热,兀兀秃秃的酒与他吃。"意谓不冷不热。

【勿药有喜】勿:不要,表示禁止或劝阻。《周易·无妄》:"无妄之疾,勿药有喜。"生病后无须服药便能痊愈,所以是一种喜讯。也用于贺人病愈。

【物至则反】至:极点。反:翻转,掉转。语出《吕氏春秋·博志》:"全则必缺,极则必反。"《史记·春申君列传》:"臣闻物至则反,冬夏是也;致至则危,累棋是也。"意谓事物发展到极限就会朝着相反的方面转化。

X

【西风贯驴耳】西风:西边吹来的风,多指秋风。贯:穿过。清·翟灏《通俗编》卷一:"李白答王去一诗'有如东风射马耳',按宋元人又有'西风贯驴耳'语,当即因此转变。"比喻听话的人认为无关紧要、不值得一听的话。

【西缶雪耻】缶(fǒu):瓦器,古代一种瓦质的打击乐器。西缶:秦国在西方,因称秦地所出之缶为西缶。语出《史记·廉颇蔺相如列传》:"于是相如前进瓿,因跪请秦王。秦王不肯击瓿。相如曰:'五步之内,相如请得以颈血溅大王矣!'左右欲刃相如,相如张目叱之,左右皆靡。于是秦王不怿,为一击瓿。"比喻折服强敌,为国雪耻。

【西河之痛】西河:陕西韩城县至华阴县一带。痛:子夏子亡,其因悲痛哭瞎了眼睛。语出《史记·仲尼弟子列传》:"孔子既没,子夏居西河教授,为魏文侯师。其子死,哭之失明。"形容丧子之痛。

【西赆南琛】西赆(jìn):西域的贡物。南琛(chēn):南方所产的珍宝。语出北周·庾信《哀江南赋》:"西赆浮玉,南琛没羽。吴歈越吟,荆艳楚舞。"唐·李延寿《南史·夷貊传论》:"西赆南琛,无闻竹素。"形容四方皆来朝贡。

【西眉南脸】西、南:分别指西施、南威,均为春秋时的美女;

时人称之为"威施"。唐·李咸用《巫山高》："西眉南脸人中美，或者皆闻无所利。"春秋时美女西施的眉和南威的脸。比喻女子容貌美丽。也泛指美丽的女子。

【悉索薄赋】悉索：尽其所有。薄：少。赋：兵赋。《淮南子·要略》："武王继文王之业，用太公之谋，悉索薄赋，躬擐甲胄，以伐无道而讨不义。"意谓倾全国的军事力量。

【惜指失掌】惜：舍不得。《南史·阮佃夫传》："又庐江何恢，有妓张耀华美而有宠，为广州刺史，将发，要佃夫饮，设乐，见张氏，悦之，频求。恢曰：'恢可得，此人不可得也。'佃夫拂衣出户，曰：'惜指失掌耶？'遂讽有司以公事弹恢。"因舍不得一个指头而失掉一只手掌。比喻因小失大。

【溪壑无厌】壑（hè）：两山之间的沟或河谷。厌：满足。语出《国语·晋语八》："叔鱼生，其母视之，曰：'是虎目而豕喙，鸢肩而牛腹，溪壑可盈，是不可餍也，必以贿死。'遂不视。"《南齐书·谢朓传》："自尔升擢，超越伦伍，而溪壑无厌，著于触事。"比喻贪心极大，欲望永远满足不了。

【膝行肘步】膝行：跪着行走，表示敬畏。肘步：用胳膊肘前行，表示畏服。唐·王勃《山亭思友人序》："文章可以经纬天地，器局可以畜泄江河……虽陆平原、曹子建，足可以车载斗量；谢灵运、潘安仁，足可以膝行肘步。思飞情逸，风云坐宅于笔端；兴洽神清，日月自安于调下云尔。"比喻地位低下，不足与人平起平坐。

【膝痒搔背】膝：膝盖。背：背部。西汉·桓宽《盐铁论·利议》："诸生无能出奇计，远图匈奴安边境之策，抱枯竹，守空言，不知趋舍之宜，时世不变，议论无所依，如膝痒搔背。"膝盖发痒却去挠背。比喻做事不当，言语不中肯。

【蹊田夺牛】蹊（xī）：踩踏。夺：强取。语出《左传·宣公十一年》:"抑人亦有言曰:'牵牛以蹊人之田,而夺之牛。'牵牛以蹊者,信有罪也;而夺之牛,罚已重矣。"因别人家的牛踩踏了自家的田地而把牛给夺走了。形容惩罚或报复过重。

【习非胜是】 习:习以为常。非:错误的。是:正确的。语出西汉·扬雄《法言·学行》:"习乎习,以习非之胜是,况习是之胜非乎?"意谓习惯了某些错误的事情,反以为其本来就是正确的。

【洗垢索瘢】 垢:污秽、尘土一类的脏东西。瘢(bān):瘢痕。语出《后汉书·赵壹传》:"所好则钻皮出其羽毛,所恶则洗垢求其瘢痕。"《新唐书·魏徵传》:"喜则矜刑于法中,怒则求罪于律外,好则钻皮出羽,恶则洗垢索瘢。"洗去污垢找疤痕。比喻过分挑剔别人的错误、过失。

【徙宅忘妻】 徙(xǐ):迁移。宅:住所。语出西汉·刘向《说苑·敬慎》:"予闻忘之甚者,徙而忘其妻,有诸。"搬家时忘记携带妻子。比喻粗心健忘到了荒唐的地步。

【细大不捐】 细:细小。捐:舍弃。唐·韩愈《进学解》:"贪多务得,细大不捐。"大的小的都不舍弃。形容包罗一切,毫无遗漏。

【舄乌虎帝】 舄(xǐ):鞋子。语出宋·陆佃《埤雅·释鸟鹊》:"舄九写而为乌,虎三写而为帝,言书之转易如此。"意谓"舄"与"乌"、"虎"与"帝"字形相近,几经传抄,容易写错。形容因字形相近出现的差错。

【虾荒蟹乱】 荒、乱:指因虾、蟹泛滥,稻谷遭灾造成荒年。宋·傅肱《蟹谱·兵证》:"吴俗有虾荒蟹乱之语,盖取其被坚执锐,岁或暴至,则乡人用以为兵证也。"虾蟹成灾,稻谷荡尽。旧时认为是战争的预兆或灾难将至。

【下坂走丸】 坂:斜坡。丸:泥丸,弹丸。语出东汉·荀悦《汉纪·高祖纪一》:"则边城皆喜,相率而降,此犹以下坂而走丸也。"

五代·王仁裕《开元天宝遗事·走丸之辩》："张九龄善谈论，每与宾客议论经旨，滔滔不竭，如下坂走丸也。"顺着斜坡滚弹丸。形容迅捷疾速，毫无阻碍。

【下陵上替】陵：通"凌"，欺侮。替：废弃。《左传·昭公十八年》："于是乎下陵上替，能无乱乎？"形容在下者侵犯上者，在上者颓废而无所作为。

【下气怡声】下气：态度恭顺，低声下气。怡声：犹柔声，声音和悦。《礼记·内则》："以适父母舅姑之所，及所，下气怡声，问衣燠寒；疾痛苛痒，而敬抑搔之。出入，则或先或后，而敬扶持之。"形容和悦声气、恭顺。

【下乔入幽】乔：乔木。幽：深山幽谷。语出《孟子·滕文公上》："吾闻出于幽谷迁于乔木者，未闻下乔木而入于幽谷者。"宋·黄榦《勉斋集》："郑齐卿下乔入幽，大为失计。"鸟从高大的树上飞走躲进深山幽谷中。形容人之降职，舍高就低，从良好的境地陷入恶劣的处境，与那种喻人舍弃黑暗而接近光明，抑或从劣境而进入好的环境的情形相反。

【夏屋渠渠】夏：通"厦"，大。渠渠：深广、高大的样子。《诗经·秦风·权舆》："于我乎，夏屋渠渠，今也每食无余。"形容房屋高大而深广。

【夏雨雨人】夏雨：夏天的雨。雨人：雨下到人身上。西汉·刘向《说苑·贵德》："管仲上车曰：'嗟兹乎，我穷必矣。吾不能以春风风人，吾不能以夏雨雨人，吾穷必矣。'"夏天的雨落在人身上，凉爽舒适。比喻及时给人以教育与帮助。

【先意承志】承：迎合。志：心意。《礼记·祭义》："君子之所为孝者，先意承志，谕父母于道。"不待父母明白说出就能迎合父母的心意做事。后泛指揣摩人意，极力逢迎。

【纤介之失】纤介：细微。失：过失。西汉·董仲舒《春秋繁露·王道》:"春秋记纤介之失,反之王道。"形容很细小的过失。

【纤芥无爽】 纤芥:亦作"纤介",细微。爽:差错。《魏书·律历志下》:"必使盈缩得衷,间限数合,周日小分不殊锱铢,阳历阴历纤芥无爽,损益之数验之交会,日所居度考之月蚀,上推下减,先定众条,然后历元可求,犹甲子难值。"极细微的地方也没有差错。形容精确到丝毫不差。

【乡壁虚造】 乡:通"向",面对着。虚造:捏造。语出东汉·许慎《〈说文解字〉序》:"鲁恭王坏孔子宅而得《礼记》《尚书》《春秋》《论语》《孝经》……而世人大共非訾,以为好奇者也。故诡更正文,乡壁虚造不可知书,变乱常行,以耀于世。"段玉裁注:"此谓不信壁中书为古文,非毁之;谓好奇者改易正字,向孔氏之壁,凭空造此不可知之书指为古文也。"对着墙壁,凭空造出来的东西。比喻毫无事实根据,凭空杜撰。

【乡风慕义】 乡:通"向",向往。慕:仰慕。《史记·留侯世家》:"陛下诚能复立六国后世,毕已受印,此其君臣百姓必皆戴陛下之德,莫不乡风慕义,愿为臣妾。"向往其教化,追慕其道义。意谓因深受其德义感召而投奔。

【乡里夫妻】 乡里:家乡。明·杨慎《升庵诗话·乡里夫妻》:"俗语云:'乡里夫妻,步步相随。'言乡不离里,如夫不离妻也。"形容相守在一起不分离的夫妻。

【相视而笑,莫逆于心】 莫逆:彼此情投意合,非常之好。《庄子·大宗师》:"子祀、子舆、子犁、子来四人相与语曰:'孰能以无为首,以生为脊,以死为尻,孰知生死存亡之一体者,吾与之友矣。'四人相视而笑,莫逆于心,遂相与为友。"形容彼此间友谊深厚,无所违逆于心。

【相鱼南故】 相(xiàng)鱼:观鱼。故:古同"顾",反向。春秋时吴越民谣《相鱼》:"相鱼东往,其跃卓卓;相鱼北溯,其乐游波；相鱼西潜，其翼黛墨；相鱼南故，其怨不掇。"意谓从观鱼中念及与恋人的相识、相悦、相思及相怨。形容恋人间相思而不得见的一种情绪。

【项背相望】 项：颈项。背：背脊。《后汉书·左雄传》："监司项背相望，与同疾疢，见非不举，闻恶不察。"李贤注："项背相望，谓前后相顾也。"原指前后相顾。后形容来往之人连续不断。

【项领之忧】 项：肥大。项领：肥大的颈项。《梁书·萧昱传》："每涉惊疑，惶怖失魄，既乖致命之节，空有项领之忧。"害怕被刑戮，身首分离。形容被杀头的忧虑。

【象齿焚身】 焚身：丧身。语出《左传·襄公二十四年》："象有齿以焚其身，贿也。"清·袁枚《春雨楼题词为张冠伯作》："雄鸡断尾何人悟，象齿焚身自古同。"象因为有珍贵的牙齿而遭捕杀。比喻人因有钱财而招祸。

【枭视狼顾】 枭（xiāo）：一种凶猛的鸟。《宋史·宋汝为传》："女真乘袭取契丹之锐，枭视狼顾，以窥中原。"如同枭一样盯视，像狼一样经常回头看。形容左顾右盼，行动警惕。

【消息盈冲】 消息：盈满与空虚。语出《周易·剥》："君子尚消息盈虚，天行也。"汉·蔡邕《释诲》："时行则行，时止则止，消息盈冲，取诸天纪。"形容事物盛衰变化或行为的出处进退。

【萧敷艾荣】 萧、艾：艾蒿，恶草。敷：铺开。荣：开花，指草木茂盛。南朝·宋·刘义庆《世说新语·言语》："毛伯成既负才气，常称宁为兰摧玉折，不作萧敷艾荣。"比喻才能低下、品行恶劣的小人得志，飞黄腾达。

【小惩大诫】 惩：惩罚。诫：警告，教训。语出《周易·系辞下》："小人不耻不仁，不畏不义，不见利不劝，不威不惩；小惩而大诫，此小人之福也。"意谓对小的过错要加以惩诫，使人得到警告和教训，不至于去犯大错。

【小廉曲谨】 廉：廉洁。曲：细小。宋·朱熹《答或人》："乡原是一种小廉曲谨，阿世徇俗之人。"在小事上廉洁谨慎。形容只拘于小节，不识大体。

【小往大来】 往、来：消长，变化。《周易·泰》："泰，小往大来，吉亨，则是天地交而万事通也，上下交而其志同也。"本指人事的消长、变化。后比喻商人以微本牟取暴利。

【笑比河清】 河清：指黄河变清，比喻很难见到。语出《宋史·包拯传》："拯立朝刚毅，贵戚宦官为之敛手，闻者皆惮之。人以包拯笑比黄河清。"黄河之水有千年一清之说，而包拯的笑容比黄河水变清还要难以见到。形容为人处世严肃刚毅。

【笑面夜叉】 夜叉：佛经中指一种凶恶的鬼。宋·陈次升《弹蔡京第三状》："时人目之为笑面夜叉，天下之所共知也。"形容面带笑容而心地歹毒的人。

【燮和之任】 燮（xiè）：调和。语出《尚书·顾命》："燮和天下，用答扬文武之光训。"唐·韩愈《为裴相公让官表》："岂意陛下擢臣于伤残之余，委臣以燮和之任。"意谓以宰相的职责协调国家上下事宜。

【心迹双清】 心：心地，思想。迹：行为。语出南朝·宋·谢灵运《斋中读书》："矧乃归山川，心迹双寂寞。"唐·杜甫《屏迹三首》其一："杖藜从白首，心迹喜双清。"形容心地、行为高洁，没有尘俗之气。

【心雄万夫】 心：心魄，心胸。雄：雄于，高出。万夫：万民，众人。唐·李白《与韩荆州书》："白，陇西布衣……虽长不满七尺，而心雄万夫。"雄心胜过一万个人的心志、志向。形容抱负非凡。

【馨香祷祝】 馨香：烧香。祷祝：求福。语出《尚书·君陈》："至治馨香，感于神明。"西汉·焦赣《易林·离之坤》："春秋祷祝，解过除忧，君子无咎。"意谓虔诚地向神祈祷祝愿。后形容真诚地期望。

【伈伈睍睍】伈伈（xǐnxǐn）：小心、害怕的样子。睍睍（xiànxiàn）：眼睛不敢睁开的样子。唐·韩愈《祭鳄鱼文》："刺史虽驽弱，亦安肯为鳄鱼低首下心，伈伈睍睍，为民吏羞，以偷活于此耶？"形容小心害怕或低声下气的样子。

【信不由中】信：诚信。由：从。中：同"衷"，内心。《左传·隐公三年》："信不由中，质无益也。"意谓诚信只表现在口头上而不是发自内心。

【信及豚鱼】信：诚信。及：达到。豚（tún）：小猪，也泛指猪。语出《周易·中孚》："豚鱼吉，信及豚鱼也。"前蜀·杜光庭《谢允上尊号表》："百揆时叙，六乐克和，信及豚鱼，恩加动植。"信用及于小猪和鱼那样微贱的东西。比喻做人讲诚信。

【行罡布气】罡（gāng）：罡风，道家指高空的风。布气：道家指散布阳和之气。元·钱霖《哨遍·看钱奴》："忍饥寒攒得家私厚。待垒做钱山儿请军士喝号提铃守，怕化做钱龙儿请法官行罡布气留。"指道士施弄法术。

【兴灭继绝】兴：复兴，兴盛。绝：断绝。语出《论语·尧曰》："兴灭国，继绝世，举逸民，天下之民归心焉。"《汉书·外戚恩泽侯表》："自古受命及中兴之君，必兴灭继绝，修废举逸，然后天下归仁，四方之政行焉。"使灭亡之诸侯国复兴，使衰亡的贵族世家得以延续。后泛指使灭亡的事物重新兴起并延续下去。

【凶终隙末】凶终：以相互残杀告终。隙末：以嫌隙、仇恨终局。语出《后汉书·王丹传》："丹曰：'交道之难，未易言也。世称管、鲍，次则王、贡。张、陈凶其终，萧、朱隙其末，故知全之者鲜矣。'时人服其言。"汉朝时期的张耳、陈余初为刎颈之交,张耳成为汉将后,与陈余产生了矛盾,并杀了陈余;萧育、朱博两人为当时著名的好友,也同样因为各自利益而反目成仇。形容朋友间的友谊不能始终保持。多比喻原为朋友后变成仇敌。

【胸中暇整】 暇:空闲。明·钟惺《浣花溪记》:"穷愁奔走,犹能择胜,胸中暇整,可以应世,如孔子微服主司城贞子时也。"意谓胸中安闲不乱就可以精神富足,自有主张,乐观应世。

【雄鸡断尾】 断尾:断去尾巴。语出《左传·昭公二十二年》:"宾孟适郊,见雄鸡自断其尾;问之,侍者曰:'自惮其牺也。'"本指雄鸡因怕成为祭祀品而自残其身。后比喻怕被杀而自尽。也比喻忧谗畏讥,自甘无用。

【雄雄魄魄】 雄雄:威势盛大的样子。魄魄:象声词。明·汤显祖《紫箫记·拾箫》:"火镜高然,望日观前雄雄魄魄,半更天推开日扇,九枝红艳簇天坛。"形容炽盛明亮。

【休牛放马】 休、放:放归,放逐。语出《尚书·武成》:"乃偃武修文,归马于华山之阳,放牛于桃林之野。"东晋·葛洪《抱朴子·释滞》:"今丧乱既平,休牛放马,烽燧灭影。"把牛马放归山林,停止充作军用。比喻战事停止,天下太平。

【羞与哙伍】 哙(kuài):樊哙,汉初武将。语出《史记·淮阴侯列传》:"信尝过樊将军哙,哙跪拜送迎,言称臣,曰:'大王乃肯临臣!'信出门,笑曰:'生乃与哙等为伍!'"原指韩信为人自负而不屑与平凡庸俗之人樊哙同在一起为列侯。后形容以与某些人在一起而感到耻辱。

【秀而不实】 秀:庄稼吐穗开花。实:结果实。《论语·子罕》:"苗而不秀者有矣夫,秀而不实者有矣夫。"庄稼吐穗开花而不结果实。比喻资质聪颖而不幸早死或才能出众而功业不就。

【须弥芥子】 须弥:古印度神话中的名山,传为诸山之王。芥子:

指芥菜的种子，喻极其微小。宋·辛弃疾《水调歌头·题永丰杨少游提点一枝堂》："休说须弥芥子，看取鹍鹏斥鷃，小大若为同？"须弥藏芥子，芥子可纳须弥。意谓佛法无边，神通广大。

【虚生浪死】虚：徒然。浪：随便。《旧唐书·越王贞传》："夫为臣子，若救国家则为忠，不救则为逆。诸王必须以匡救为急，不可虚生浪死，取笑于后代。"意谓活得没有意义，死得毫无价值。

【虚堂习听】虚堂：宽敞的厅堂。习听：重复听到，指有回声。南朝·梁·周兴嗣《千字文》："空谷传声，虚堂习听。祸因恶积，福缘善庆。"在宽敞的屋子里说话，声音非常清晰而且有回声。意谓越是在没有人的地方，越是应该注意自己的言行举止。

【虚堂悬镜】虚堂：高堂，旧时指官府议事、审理案件的地方。悬：高挂。《宋史·陈良翰传》："知温州瑞安县。……但揭示名物，民竞乐输，听讼咸得其情。或问何术，良翰曰：'无术，第公此心，如虚堂悬镜耳。'"明镜悬于高堂，纤微必照。形容办案审理廉正公明。也比喻心地公正，能明察是非。

【絮酒炙鸡】絮：棉絮。炙：烤。语出《后汉书·徐穉传》："穉尝为太尉黄琼所辟，不就。及琼卒归葬，穉乃负粮徒步到江夏赴之，设鸡酒薄祭，哭毕而去，不告姓名。"指用菲薄的祭品悼念亡友，却表示出深重的情谊。

【悬剑空垄】悬：悬挂。垄：坟冢。语出《史记·吴太伯世家》："还至徐，徐君已死，于是乃解其宝剑，系之徐君冢树而去。"意谓心许朋友的事，不因人死而改变。也比喻友谊坚贞。

【眩碧成朱】眩：眼睛昏花看不清楚。碧：青绿色。朱：朱红。明·屠隆《彩毫记·知几引退》："宫闱萋菲，眩碧成朱，圣主应投杼。"夸耀碧色并将其说成朱色。比喻颠倒是非。

【穴居野处】穴：洞。处（chǔ）：居住。语出《周易·系辞下》：

"上古穴居而野处，后世圣人易之以宫室，上栋下宇，以待风雨，盖取诸大壮。"东汉·班固《白虎通》："太古之时，穴居野处。"在洞窟里居住，在荒野中生活。形容原始人的生活状态。也指野外生活。

【学老于年】 老于：指老练，富有经验，高过或远胜于与其年龄相当的同代人。年：年龄。《宋史·文苑传七·熊克》："克幼而翘秀，既长，好学善属文，郡博士胡宪器之，曰：'子学老于年，他日当以文章显。'"形容青年人的博学、出众。

【雪窖冰天】 窖：收藏东西的地洞。冰天：指北方苦寒之地或极高甚寒之处。语出《宋史·朱弁传》："王伦还朝，言弁守节不屈，又以弁奉送徽宗大行之文为献，其辞有曰：'叹马角之未生，魂消雪窖；攀龙髯而莫逮，泪洒冰天。'"到处都是冰和雪。形容北方冰天雪地的场景。也泛指严寒地区。

【血流漂杵】 杵（chǔ）：捣物的棒槌，此指古代战车上所用的长杆武器。《尚书·武成》："甲子昧爽，受率其旅若林，会于牧野。罔有敌于我师。前徒倒戈，攻于后以北，血流漂杵。"血流成河，连长杆兵器都漂浮起来。形容牧野之战之血惺残酷。比喻战争杀人之多。

【询事考言】 询：查询。考：考核，考察。《尚书·舜典》："询事考言，乃言底可绩。"孔颖达疏："汝所谋事，我考汝言，汝所为之事，皆副汝所谋，致可以立功。"《宋史·贾易传》："欲官人皆任其责，则莫若询事考言，循名责实。"查询考核人的言论、行为。后多指对官员的考核。

Y

【压雪求油】压:压榨,榨取。求:追求,求得。明·吴承恩《西游记》第二十八回:"八戒道:'莫管,我这一去,钻冰取火寻斋至,压雪求油化饭来。'"比喻难以做到的事或者是不太符合逻辑的努力。

【鸦巢生凤】巢:窝。宋·释普济《五灯会元·琅邪觉禅师法嗣》:"僧问:'如何是异类?'显端曰:'鸦巢生凤。'"乌鸦的窝里生出了凤凰。形容贫苦人家培养出优秀人物。也比喻劣中出优。

【鸦雀不闻】鸦、雀:此指鸟鸣声。语出宋·苏轼《绝句三首》:"天风吹月入栏干,乌鹊无声夜向阑。织女明星来枕上,乃知身不在人间。"清·曹雪芹《红楼梦》第六回:"刘老老听见说奶奶下来了,又听得那边说摆饭,渐渐的人才散出去,半日鸦雀不闻。"形容寂静,一点声响都没有。

【鸭步鹅行】鸭步:指走路像鸭子那样缓慢摇摆。鹅行:指步态像鹅那样迟缓斯文。元·秦简夫《东堂老》第二折:"我觑不得你褙宽也那褶下,肚叠胸高,鸭步鹅行。"形容人步履蹒跚。

【严恭寅畏】寅畏:恭敬戒惧。《尚书·无逸》:"严恭寅畏,天命自度。"蔡沉集传:"寅则钦肃,畏则戒惧。"形容毕恭毕敬、恭敬戒惧。

【言方行圆】方:正直,方正。圆:圆滑。东汉·王符《潜夫论·交际》：" 呜呼哀哉！凡今之人，言方行圆，口正心邪，行与言谬，心与口违。" 言论正直而行为圆滑。形容心口不一，言行各异。

【言近指远】 指：通"旨"，意图，旨要。语出《孟子·尽心下》："言近而指远者，善言也。" 清·李汝珍《镜花缘》："其书阐发孔孟大旨，殚尽心力，折衷旧解，言近指远，文简义明。" 形容语言浅近而意旨深远。

【言人人殊】 言：言论。殊：不同。《史记·曹相国世家》："参尽召长老诸生，问所以安集百姓，如齐故诸儒百数，言人人殊。参未知所定。" 意谓针对同一件事，见解不同，每个人的说法都不同。

【言提其耳】 言：助词，无义。提其耳：揪住耳朵。《诗经·大雅·抑》："匪面命之，言提其耳。" 北魏·贾思勰《齐民要术·序》："故丁宁周至，言提其耳，每事指斥，不尚浮辞。" 提着别人的耳朵叮嘱再三。形容真诚恳切予以教诲。

【妍皮痴骨】 妍（yán）：美丽，美好。痴：愚笨。语出《晋书·慕容超载记》："召见与语，超深自晦匿，兴大鄙之，谓绍曰：'谚云：妍皮不裹痴骨，妄语耳。'由是得去来无禁。" 宋·陈亮《贺新郎·寄辛幼安和见怀韵》："行矣置之无足问，谁换妍皮痴骨。" 外表虽然漂亮，内心却痴愚丑陋。形容表里不一。

【岩居川观】 岩居：居住于岩穴之中。川观：观赏河流。《史记·范雎蔡泽列传》："君何不以此时归相印，让贤者而授之，退而岩居川观。" 居于岩穴而观赏川流。形容隐居生活悠闲自适，超然世外。

【沿波讨源】 讨：探求。语出西晋·陆机《陆士衡集》："或因枝以振叶，或沿波而讨源。" 南朝·梁·刘勰《文心雕龙·知音》："夫缀文者情动而辞发，观文者披文以入情，沿波讨源，虽幽必显。" 循水波而寻究其源。比喻探讨事物的本末。

【颜歜抱璞】颜歜（chù）：战国齐人，隐居不仕。抱：拥抱。璞：未经雕琢过的玉石。语出《战国策·齐策四》："颜歜辞去曰：'夫玉生于山，制则破焉，非弗宝贵矣，然夫璞不完。士生于鄙野，推选则禄焉，非不得尊遂也，然而形神不全。歜愿得归，晚食以当肉，安步以当车，无罪以当贵。清静贞正以自虞。'"《后汉书·蔡邕传》："是故天地否闭，圣哲潜形，石门守晨，沮溺耦耕，颜歜抱璞，蘧瑗保生。"意谓颜歜保持本色，不为爵禄所惑。后用以指隐逸生涯。

【颜苦孔卓】颜：颜渊（颜回），孔子弟子。卓：卓越。语出西汉·扬雄《法言·学行》："颜不孔，虽得天下，不足以为乐。然亦有苦乎？曰：'颜苦孔之卓之至也。'"意谓颜回苦于孔子的卓越不可企及。

【眼花耳热】眼花：眼睛昏花。耳热：耳朵燥热。唐·李白《侠客行》："眼花耳热后，意气素霓生。"形容饮酒微醉、精神亢奋的神态。

【鼹鼠饮河】鼹（yǎn）：同"偃"。鼹鼠：田鼠。饮河：喝黄河水。语出《庄子·逍遥游》："鹪鹩巢于深林，不过一枝；偃鼠饮河，不过满腹。归休乎君，予无所用天下为！"意谓所需有限，要求不高。

【厌难折冲】厌：抑制。折冲：使敌方的战车折返、溃退。西汉·刘向《说苑·尊贤》："故虞有宫之奇，晋献公为之终夜不寐；楚有子玉得臣，文公为之侧席而坐。远乎！贤者之厌难折冲也。"意谓能克服困难，御敌制胜。

【宴安鸩毒】鸩（zhèn）：毒酒。《左传·闵公元年》："诸夏亲昵，不可弃也；宴安鸩毒，不可怀也。"杜预注："以宴安比之鸩毒。"意谓贪图安逸享受如同饮毒酒自杀一样致命。比喻死于安乐。

【雁逝鱼沉】雁、鱼：皆为书札的代称。《旧五代史·唐李袭吉传》：

"山高水阔,难追二国之欢;雁逝鱼沉,久绝八行之赐。"形容彼此间音讯断绝。

【燕翼贻谋】 燕:安。翼:敬。贻:遗留。语出《诗经·大雅·文王有声》:"武王岂不仕,诒厥孙谋,以燕翼子。"《宋史·乐志九》:"权舆光大,燕翼贻谋。"意谓周武王谋及其孙而安抚其子。后泛指为后嗣作好打算。

【阳儒阴释】 儒:儒家。释:佛教,释家。语出宋·朱熹《张无垢〈中庸解〉》:"凡张氏所论著,皆阳儒而阴释。"清·夏敬渠《野叟曝言》第一百十回:"小道因与他联络,为阳儒阴释之计,故得暂时保全白祥性命。"表面上阐释的是儒家学说,实际上是在宣传佛教思想。形容表里不一。

【杨可告缗】 杨可:汉武帝时的一个官员,负责告缗工作。告缗(mín):政府为打击富商大贾,解决财政困难而采取的措施,对隐匿财产或虚报的,没收其财产并奖励告发者。《汉书·食货志》:"杨可告缗遍天下,中家产以下大氐遇告。……得民财物以亿计;奴婢以千万数;田,大县数百顷,小县百余顷;宅亦如之。于是商贾中家以上大氐破。"反映了西汉时的经济社会面貌。

【杨意不逢】 杨意:即杨得意,汉武帝近臣,时任狗监。语出《史记·司马相如列传》:"蜀人杨得意为狗监,侍上。上读《子虚赋》而善之,曰:'朕独不得与此人同时哉!'得意曰:'臣邑人司马相如自言为此赋。'上惊,乃召问相如。相如曰:'有是。然此乃诸侯之事,未足观也。请为天子游猎赋,赋成奏之。'上许,令尚书给笔札。"唐·王勃《秋日登洪府滕王阁饯别序》:"杨意不逢,抚凌云而自惜;钟期既遇,奏流水以何惭。"意谓受人引荐而得到赏识任用。

【仰首伸眉】 仰首:仰起头。伸眉:舒展眉头。《报任少卿书》:"乃欲仰首伸眉,论列是非,不亦轻朝廷羞当世之士耶?形容意气昂扬、精神焕发的样子。

【养虺成蛇】 虺（huǐ）：小蛇。《国语·吴语》："为虺弗摧，为蛇将若何？"《北史·高道穆传》："令颢重完守具，可谓养虺成蛇，悔无及矣。"把小蛇养成大蛇。比喻纵容敌人，任其强大，必会产生后患，自食其果。

【腰鼓兄弟】腰鼓：古代打击乐器，框用瓦或木制，两头大，中间细，用手掌拍击。现代腰鼓：框用木制，短圆柱形，两头略小，挂在腰用木槌击奏。《南齐书·沈冲传》："冲与兄淡、渊名誉有优劣，世号为'腰鼓兄弟'。"比喻在兄弟排行中品格优劣不等，成就相形见绌。

【遥岑寸碧】遥：遥望。岑（cén）：小而高的山。寸：十分为一寸。引申为微少、微小。语出唐·韩愈《城南联句》："遥岑出寸碧，远目增双明。"宋·张炎《西子妆慢》："杨花点点是春心，替风前、万花吹泪。遥岑寸碧，有谁识，朝来清气。"极目远望，映入眼帘的是一块仅有一寸大小的苍翠小山。泛指风光宜人的山水。

【药笼中物】药笼：盛放药物的器具。《旧唐书·元行冲传》："此吾药笼中物，何可一日无也！"比喻预先储备的人才。

【野人献曝】野人：生活在田野乡间的农夫。曝：晒。语出《列子·杨朱》："昔者宋国有田夫，常衣缊黂，仅以过冬。暨春东作，自曝于日，不知天下之有广厦隩室，绵纩狐貉。顾谓其妻曰：'负日之暄，人莫知者，以献吾君，将有重赏。'"比喻微薄的贡献。也用于向人提建议时的客套话。

【业峻鸿绩】峻：高大。鸿绩：指宏伟的业绩。南朝·梁·刘勰《文心雕龙·原道》："夏后氏兴，业峻鸿绩，九序惟歌，勋德弥缛。"形容功业高，成绩大。

【夜雨对床】对床：两人对床而眠。语出唐·韦应物《示全真元常》：

"宁知风雪夜,复此对床眠。"唐·白居易《雨中招张司业宿》:"能来同宿否,听雨对床眠。"意谓亲友或兄弟久别重逢,在一起亲切交谈。

【夜月昼星】夜月:夜间如月。昼星:白日如星。语出东晋·王嘉《拾遗记》卷六:"错杂宝以饰台榭,县明珠于四垂,昼视之如星,夜望之如月。里语曰:'洛阳多钱郭氏室,夜月昼星富无匹。'"形容明珠的光彩。

【一傅众咻】傅:教导,辅助。咻(xiū):乱说话。语出《孟子·滕文公下》:"一齐人傅之,众楚人咻之,虽日挞而求其齐也,不可得矣。"一个人教而众人吵闹干扰。比喻由于不良环境影响,做事不能有所成就。

【一干一方】干、方:因"干"与"千"字形相仿、"方"与"万"字形相似,干、方就成为千、万的隐语。语出明·陈洪谟《继世纪闻》:"逆瑾用事,贿赂公行。凡有干谒者,云馈一干,即一千之谓;云馈一方,即一万之谓。后渐增至几干几方。"明代官场行贿的黑话。

【一狐之腋】腋:腋窝。《史记·赵世家》:"简子曰:'吾闻千羊之皮,不如一狐之腋。'"狐狸腋下的皮毛。比喻珍贵的东西。

【一口两匙】匙:舀汤用的小勺子,也叫调羹。语出宋·范成大《丙午新正书怀》:"口不两匙休足谷,身能几屐莫言钱。"一口吃两勺子的食物。比喻贪多。

【一匡九合】一匡:使之得到匡正。九合:多次会盟。《旧唐书·郑畋传》:"臣始仕从戎,爰承指顾,禀三令五申之戒,预一匡九合之谋。"指谓春秋时管仲辅助齐桓公"一匡天下,九合诸侯",建立霸业。后也比喻立国大事。

【一馈十起】馈(kuì):吃饭。起:起身,离开原来位置。语出《淮南子·氾论训》:"当此之时,一馈而十起,一沐而三捉发,以劳天下之民。"吃一顿饭要起来十次。形容事务繁忙，操劳天下。

【一龙一猪】 龙、猪：比喻高下差别。唐·韩愈《符读书城南》："两家各生子，提孩巧相如。少长聚嬉戏，不殊同队鱼。三十骨骼成，乃一龙一猪。"一个如龙，一个似猪。比喻两个人差距悬殊，高下优劣明显。

【一毛吞海】 毛：同"蚝"，蛤蜊。宋·释道原《景德传灯录·宣鉴禅师》："一毛吞海，海性无亏。纤芥投锋，锋利不动。学与无学，唯我知焉。"一只蛤蜊吞吸海水。比喻无损于事。

【一瞑不视】 瞑：闭上眼睛。语出《战国策·楚策一》："有断头决腹，一瞑而万世不视，不知所益，以忧社稷者。"清·纪昀《阅微草堂笔记》："果其如是，则是二人者，天上人间，会当相见，定非一瞑不视者矣。"闭上眼睛，不再睁开。比喻死亡。也指逃避现实。

【一牛九锁】 九锁：形容束缚重重。西汉·焦赣《易林》卷十："一牛九锁，更相牵挈，案明如市，不得东西，请谳得报，日中被刑。"用九把锁锁住一牛。比喻束缚极多，无法解脱。

【一栖两雄】 栖：停留。《韩非子·扬权》："一栖两雄，其斗嘤嘤。"一个窝里停留着两只雄鸟。比喻两雄对峙，势不并存。

【一谦四益】 谦：谦让。四益：四种好处，即：天道亏盈而益谦，地道变盈而流谦，鬼神害盈而福谦，人道恶盈而好谦。语出《汉书·艺文志》："一谦而四益，此其所长也。"宋·苏轼《参寥泉铭》："退守斯泉，一谦四益。"意谓谦虚能使人得到很多益处。

【一人立志，万夫莫夺】 一人：古代称天子，亦为天子自称。莫夺：不能使之改变。明·冯梦龙《醒世恒言·大树坡义虎送亲》："林公与梁氏见女儿立志甚决，怕他做出短见之事，只得繇他。正是'一人立志，万夫莫夺'。"形容志向坚定，别人难以改变。

【一人元良】一人:古代称天子,亦为天子自称。元良:大善,至德。《尚书·大甲下》:"一人元良,万邦以贞。"意谓天子大善,天下清正。

【一仍旧贯】仍:因袭,依照。贯:习惯的办法。语出《论语·先进》:"仍旧贯,如之何?何必改作。"意谓照老规矩办事,不作丝毫改变。

【一日九迁】九:形容多。迁:升职。西汉·焦赣《易林·履之节》:"安上宜官,一日九迁,升擢超等,牧养常山。"一日之内多次升职。形容官职提升极快。

【一日之长】①长(cháng):长处,优点。南朝·宋·刘义庆《世说新语·品藻》:"论王霸之余策,览倚伏之要害,吾似有一日之长。"意谓才能比别人稍强。②长(zhǎng):长兄,辈分高或年龄大。语出《论语·先进》:"以吾一日长乎尔,毋吾以也。"意谓年龄比别人较大,是资格老的一种自谦说法。

【一日之雅】雅:交往,交情。《汉书·谷永传》:"永奏书谢凤曰:'永斗筲之材,质薄学朽,无一日之雅,左右之介。'"仅一日或一面之交。形容交情不深或短暂的交往。

【一日纵敌,数世之患】纵:放,放纵。数世:长期。患:祸害。《左传·僖公三十三年》:"秦不哀吾丧而伐吾同姓,秦则无礼,何施之为?吾闻之,一日纵敌,数世之患也。谋及子孙,可谓死君乎?"一天放过敌人,就会留下长期的祸害。

【一时千载】千载:一千年。宋·秦观《代回吕吏部启》:"恭维某官望重本朝,才高当世,一时千载,韦平之遇已稀,四世五公,袁杨之兴未艾。"一千年才遇到一次。形容机会极其难得。

【一树百获】树:种植。获:收获。《管子·权修》:"一年之计,莫如树谷;十年之计,莫如树木;终身之计,莫如树人。一树一获者,谷也;一树十获者,木也;一树百获者,人也。"种植一次可以收获百次。比喻培养人才，获益长远。

【一死一生，乃知交情】乃知：方知。《史记·汲郑列传》："始翟公为廷尉，宾客阗门；及废，门外可设雀罗。翟公复为廷尉，宾客欲往，翟公乃大署其门曰：'一死一生，乃知交情；一贫一富，乃知交态；一贵一贱，交情乃见。'"意谓经历生死患难方可显示交情。

【一岁使长百岁奴】使：使唤。元·白朴《墙头马上》第三折："哥哥，一岁使长百岁奴，这宅中谁敢提起个李字。若有一些差失，如同那赵盾便有灾难。"尽管主人年轻，也能使唤年老的奴仆。意谓只论地位不论年龄。

【一蟹不如一蟹】蟹：螃蟹。宋·欧阳靖《圣宋掇遗》："陶谷奉使吴越，忠懿王宴之。以其嗜蟹，自蝤蛑至蟛蜞，凡罗列十余种。谷笑曰：'真所谓一蟹不如一蟹也。'"比喻一个不如一个，越来越差。

【一薰一莸】薰：一种香草，比喻善类。莸（yóu）：一种臭草，比喻恶物。《左传·僖公四年》："一薰一莸，十年尚犹有臭。"将香草和臭草放在一起，香气会被臭气掩盖。比喻善与恶混在一起。

【一言既出,如白染皂】皂：黑色。明·吴承恩《西游记》第八十五回："何出此言，大将军一言既出，如白染皂。"话一出口，如同白底染上黑色。比喻说出的话不能更改。

【一柱擎天】柱：柱子。擎：托起。宋·宋敏求《唐大诏令集·赐陈敬瑄铁券文》："卿五山镇地，一柱擎天，气压乾坤，量含宇宙。"一根柱子顶住天。比喻人能担当天下重任。也泛指山势雄拔峻险。

【一子悟道，九族生天】一子：一人。九族：以自己为本位，上推至四世之高祖，下推至四世之玄孙为九族。元·马致远《黄粱梦》第一折："你自不知,你不是个做官的,天生下这等道貌,是个神仙中人。常言道'一子悟道,九族生天',不要错过了。"一人出家,九族升天。也比喻一人得势,全家沾光。

【伊于胡底】 伊:助词,无实义。于:到。胡:何,什么。底:尽头,底端。《诗经·小雅·小旻》:"我视谋犹,伊于胡底。" 清·吴趼人《痛史》:"将来为祸天下后世,正不知伊于胡底呢?"意谓到什么地步为止。形容对不良现象表示感慨。

【衣裁练布】 练(shū)布:粗麻织物。语出《晋书·王导传》:"时帑藏空竭,库中惟有练数千端,鬻之不售,而国用不给。导患之,乃与朝贤俱制练布单衣,于是士人翕然竞服之,练遂踊贵。"宋·陈越《休沐端居有怀希圣少卿学士》:"衣裁练布如王导,扇执蒲葵学谢公。"以王导带头用库中积压的粗布制衣、众士仿效的故事,形容上行下效。

【衣冠枭獍】 衣冠:衣服和礼帽。枭(xiāo):相传枭是吃母的恶鸟。獍(jìng):相传獍是吃父的恶兽。宋·孙光宪《北梦琐言》:"(苏)楷才寝陋,兼无德行……河朔士人目苏楷为衣冠枭獍。"穿衣戴帽的禽兽。形容忘恩负义、品德败坏的人。

【衣褐怀宝】 褐(hè):粗布衣服。宝:玉器;泛指珍贵的东西。《史记·滑稽列传》:"东郭先生久待诏公车,贫困饥寒,衣敝,履不完……及其拜为二千石,佩青绸出宫门,行谢主人。……荣华道路,立名当世。此所谓衣褐怀宝者也。"穿着粗布的衣服,却怀有似宝玉的才德。比喻地位贫贱而才华杰出。

【衣锦褧衣】 锦:锦衣,指华丽的服装。褧(jiǒng):古代指罩在外面的单衣。《诗经·卫风·硕人》:"硕人其颀,衣锦褧衣。"在华丽的衣服外面再罩上一件单衣。比喻人掩其华丽,不张扬,不炫耀。

【衣裳之会】 衣裳:上衣下裳,指衣服;引申为礼仪。会:会面,会谈。《穀梁传·庄公二十七年》："衣裳之会十有一，未尝有歃血之盟也，信厚也；兵车之会四，未尝有大战也，爱民也。"指国与国之间有礼仪的会晤。

【贻厥嘉猷】贻（yí）：赠送。厥（jué）：他的。嘉：美好。猷（yóu）：打算。南朝·梁·周兴嗣《千字文》："聆音察理，鉴貌辨色。贻厥嘉猷，勉其祗植。"意谓留给人们的应该是那些忠告善谋。

【贻厥孙谋】贻（yí）：赠送。厥（jué）：他的。谋：打算。语出《尚书·五子之歌》："明明我祖，万邦之君，有典有则，贻厥子孙。"唐·魏徵《十渐不克终疏》："臣观自古帝王受图定鼎，皆欲传之万代，贻厥孙谋。"意谓为子孙的未来做好安排。

【移郊移遂】郊、遂：泛指边远之地。语出《礼记·王制》："不变移之郊，不变移之遂，不变屏之远方，终身不齿。"古代法制的一种措施，对不受教育者移地而教。

【移天易日】移：改变。易：更换。《晋书·齐王冏传》："赵庶人听任孙秀，移天易日，当时喋喋，莫敢先唱。"比喻野心家篡夺政权。也形容能力超群，可以改变一切。

【移孝作忠】移：转移。作忠：尽忠。明·袁可立《张家瑞墓志铭》："为亲而出，为亲而处。出不负君，移孝作忠。处不负亲，忠籍孝崇。"意谓把孝敬父母之心转为孝忠君王。

【遗大投艰】遗：交付，赠予。投：交给。语出《尚书·大诰》："予造大役，遗大投艰于朕身。"宋·苏轼《设供禳灾集福疏》："躬俭节用，本严房闼之风；遗大投艰，狠当庙社之寄。常恐德之弗类，以召灾于厥深。"意谓赋予重大艰难的责任。

【遗簪弃舄】遗：遗失，丢失。簪（zān）：簪子，旧时用来别住头发的饰物。舄（xì）：鞋子。清·杨潮观《寇莱公思亲罢宴》："还只是含悲向，他抛我，似遗簪弃舄；你怜我，知物在人亡。"遗落在地的簪子、鞋子。

【颐神自守】 颐（yí）神：犹养神。《后汉书·王充传》："年渐七十，志力衰耗，乃造养性书十六篇。裁节嗜欲，颐神自守。永元中，病卒于家。"意谓养神，保持良好的精神状态。

【疑阂实繁】 阂（hé）：阻碍，隔阂。繁：众多。东晋·葛洪《抱朴子·博喻》："学而不思，则疑阂实繁。"意谓在学习过程中不加以思考，自然会存有许多疑问。

【以冰致蝇】 致：招引。蝇：苍蝇。《吕氏春秋·功名》："以狸致鼠，以冰致蝇，虽工不能。"用冰块去招引苍蝇。比喻违背常理，难以实现的事情。

【以碫投卵】 碫（duàn）：磨刀石。卵：鸡蛋。《孙子·势篇》："兵之所加，如以碫投卵者，虚实是也。"用石头去砸鸡蛋。比喻以强攻弱，必胜无疑。

【以狸饵鼠】 狸：猫。饵：用东西引诱。《商君书·农战》："我不以货事上而求迁者，则如以狸饵鼠耳，必不冀矣。"用猫来诱捕老鼠。意谓做事情的方法不对，不可能成功。

【以刃镵腹】 镵（chán）：古代一种掘土或挖药草的铁器，引申为刺。语出《南齐书·东南夷传》："蔓少子长袭杀旃，以刃镵旃腹曰：'汝昔杀我兄，今为父兄报汝。'"意谓以刃刺腹，致人亡。

【以升量石】 升、石：容量单位；十升为一斗，十斗为一石。量（liáng）：衡量。《淮南子·缪称训》："使尧度舜则可，使桀度尧，是犹以升量石也。"比喻以浅陋揣度高深。

【易初本迪】 易初：改变初衷。迪：基本的理念。战国·楚·屈原《九章·怀沙》："易初本迪兮，君子所鄙。"意谓改变初衷，变易最初的道路。

【易地则皆然】 易：更换。皆然：都一样。出自《孟子·离娄下》："禹、稷、颜子易地则皆然。"宋·王安石《与祖择之书》："孔子、孟子，书之策而善者也。皆圣人也，易地则皆然。"意谓如果改换到别人的环境，也会像别人那样看待问题。也指只要人的思想信仰一致，即使处在不同环境，表现也必然相同，思想言论举动等都没有大的区别。

【易衣而出，并日而食】易：更换。并日：两天并成一天。《礼记·儒行》："儒有一亩之宫，环堵之室，筚门圭窬，蓬户瓮牖，易衣而出，并日而食，上答之不敢以疑，上不答不敢以谄，其仕有如此者。"一家人只有一件比较体面的衣服，谁外出就换上；一天的饭食分作两天吃。形容生活非常穷困。

【驿使梅花】驿：旧时供传递公文书信的人途中休息、换马的地方。驿使：驿站传送公文书信的人。语出南朝·宋·盛弘之《荆州记》："陆凯与范晔相善，自江南寄梅花一枝，诣长安与晔，并赠花诗曰：'折花逢驿使，寄与陇头人。江南无所有，聊寄一枝春。'"表示对亲友的问候和思念。

【谊切苔岑】苔岑（cén）：志同道合的朋友。语出东晋·郭璞《赠温峤》："人亦有言，松竹有林，及余臭味，异苔同岑。"清·赵翼《哭筠浦相公》："交谊苔岑五十秋，喜听撰席懋勋猷。"形容志同道合，感情深厚。

【因袭陈规】因袭：继续使用。陈规：过去的、过时的规章制度。语出《汉书·刘歆传》："汉兴，去圣帝明王遐远，仲尼之道又绝，法度无所因袭。"意谓因循守旧，沿用过时的规章。

【银杯羽化】羽化：道教称成仙，也婉指人死亡。《新唐书·柳公权传》："凡公卿以书贶遗，盖巨万，而主藏奴或盗用。尝贮杯盂一笥，縢识如故而器皆亡，奴妄言叵测者。公权笑曰：'银杯羽化矣！'不复诘。"银质的酒杯像羽毛一样飞逝无踪。比喻贵重物品被窃。

【饮冰食檗】檗（bò）：木名，即黄檗，味苦。语出唐·白居易《三年为刺史》："三年为刺史，饮冰复食檗；唯向天竺山，取得两片石。此抵有千金，无乃伤清白。"喝的是冷水，吃的是有苦味的东西。比喻处境困苦，志节清贞。也比喻生活艰苦。

【饮醇自醉】 醇：美酒，甘浓醇厚。语出西晋·陈寿《三国志·吴书·周瑜传》："性度恢廓，大率为得人，惟与程普不睦。"裴松之注引《江表传》："普颇以年长，数陵侮瑜，瑜折节容下，终不与校。普后自敬服而亲重之，乃告人曰：'与周公瑾交，若饮醇醪，不觉自醉。'"形容宽厚待人，令人心服。

【饮河满腹】 饮河：在黄河边上饮河水。满腹：一肚子。语出《庄子·逍遥游》："鹪鹩巢于深林，不过一枝；偃鼠饮河，不过满腹。"宋·张君房《云笈七签》第九十四卷："巢林一枝，鸟见遗于丛苇；饮河满腹，兽不吝于洪波。"比喻人应知足，贪多无益。

【饮灰洗胃】 灰：古代以草木灰作洗涤剂。语出《晋书·石季龙载记》："吾欲以纯灰三斛洗吾腹，腹秽恶，故生凶子。子年二十余，便欲杀公。"《南史·荀伯玉传》："若许某自新，必吞刀刮肠，饮灰洗胃。"用草木灰水来清洗肠胃。比喻悔过自新。

【萦纡渺弥】 萦纡（yíngyū）：回环旋绕，盘旋弯曲。渺弥：水流旷远的样子。宋·朱熹《江陵府曲江楼记》："敬夫一日与客往而登焉，则大江重湖，萦纡渺弥，一目千里；而西陵诸山，空濛晻霭，又皆隐见出没于云空烟水之外。"形容相连的湖泊曲折迂回，旷远渺深。

【蝇粪点玉】 点：斑点，引申为玷污。语出唐·陈子昂《宴胡楚真禁所》："青蝇一相点，白璧遂成冤。"宋·陆佃《埤雅》："青蝇粪尤能败物，虽玉犹不免，所谓蝇粪点玉是也。"蝇粪玷污了白玉。形容劣迹斑点玷污了美好的人品。也比喻完美的事物遭受破坏。

【永矢弗谖】 矢：发誓。弗：不。谖（xuān）：忘记。《诗经·卫风·考槃》："独寐寤言，永矢弗谖。"意谓发誓永远牢记。

【勇动多怨】勇动：鲁莽多事。怨：怨恨，埋怨。《庄子·列御寇》："穷有八极，达有三必，形有六府。美、髯、长、大、壮、丽、勇、敢，八者俱过人也，因以是穷；缘循、偃仰、困畏，不若人三者俱通达。智慧外通，勇动多怨，仁义多责。"意谓鲁莽妄动必然招致很多怨恨。

【勇猛精进】勇猛：指修行时的大无畏精神。精进：专一恒进。语出《无量寿经》："勇猛精进，志愿无倦。"原为佛教语，指奋勉修行。后指努力上进。现多形容勇敢有力，坚毅前行。

【勇于私斗，怯于公愤】私：私利。怯：畏缩。语出《史记·商君列传》："行之十年，秦民大悦，道不拾遗，山无盗贼，家给人足。民勇于公战，怯于私斗，乡邑大治。"意谓为了个人私利可以勇敢争斗，为了大家的利益则畏缩不前。

【用行舍藏】用：任用。行：出任。舍：废弃不用。藏（cáng）：隐藏。语出《论语·述而》："子谓颜渊曰：'用之则行，舍之则藏，惟我与尔有是夫。'"东汉·蔡邕《陈太丘碑文序》："其为道也，用行舍藏，进退可度。"被任用就出来做官，不被任用即退而隐居。形容一个人的处世态度。

【优孟衣冠】优孟：人名，春秋时楚国艺人，擅长说笑表演进行讽刺。衣冠：衣服与帽子。语出《史记·滑稽列传》：楚相孙叔敖死后，艺人优孟着孙叔敖之衣冠，模仿其神态动作，楚庄王及其左右不能辨，以为孙叔敖复生。明·臧懋循《元曲选序二》："能使人快者掀髯，愤者扼腕，悲者掩泣，羡者色飞，是惟优孟衣冠，然后可与于此。"比喻假装古人或模仿他人。也指登台演戏。

【忧心如酲】酲（chéng）：酒醒后神志不清有如患病的感觉。《诗经·小雅·节南山》："忧心如酲，谁秉国成？"三国·魏·曹植《应诏诗》："仰瞻城阈，俯惟阙庭，长怀永慕，忧心如酲。"形容心中忧闷，如同醉酒后的病态一样。

【有例不兴，无例不灭】惯例；指旧有的常规。兴：提出。灭：废除。清·李宝嘉《官场现形记》第四十一回："回师老爷的话：'有例不兴，无例不灭'，这两句俗语料想师老爷是晓得的……但求师老爷还是按照旧账移交过去，免得后任挑剔。"有惯例就不再起用新办法，无惯例也不能违背常规。意谓要遵循已有的典章制度。

【牖中窥日】牖（yǒu）：窗户。窥：从小孔、缝隙或隐蔽处偷看。南朝·宋·刘义庆《世说新语》："北人看书，如显处视月；南人学问，如牖中窥日。"从窗内看太阳。比喻学识浅的人成见少，易于接受新的知识。

【纡郁难释】纡（yū）郁：愁苦郁结在胸中。释：消散，化解。语出西汉·刘向《九叹·忧苦》："愿假簧以舒忧兮，志纡郁其难释。"形容愁苦郁结，难以消释。

【鱼沉鸿断】鱼、鸿：比喻书信。语出宋·张孝祥《浪淘沙》："清兴满山阴，鸿断鱼沉，一书何啻值千金。"明·王玉峰《焚香记·饯别》："又恐鱼沉鸿断，阻隔云山，衔悲饮泪有万千。"比喻书信不通，音信断绝。

【鱼弘四尽】鱼弘：南朝梁将领，曾任多处太守。语出《南史·鱼弘传》："鱼弘，襄阳人，身长八尺，白皙美姿。累从征讨，常为军锋……尝谓人曰：'我为郡，有四尽：水田鱼鳖尽，山中獐鹿尽，田中米谷尽，村里民庶尽。丈夫生如轻尘栖弱草，白驹之过隙，人生但欢乐，富贵几时何！'"意谓鱼弘穷奢极欲，姿意妄为，陷民于水深火热之中。

【鱼烂土崩】鱼烂：指鱼的腐烂从内脏起。土崩：堆土不实容易崩塌。东汉·荀悦《汉纪·惠帝纪》："人主失道，则天下遍被其害；百姓一乱，则鱼烂土崩，莫之匡救。"比喻国家因内部发生动乱而覆灭。

【鱼龙曼衍】鱼龙、曼衍：古代杂戏名称。语出东汉·班固《汉书·西域传赞》："设酒池肉林以飨四夷之客，作巴俞都护、海中砀极、漫衍鱼龙、鱼抵之戏以观视之。"清·李宝嘉《官场现形记》第十四回："剿土匪鱼龙曼衍，开保案鸡犬飞升。"原指各种杂戏同时演出。后形容事物杂乱。也比喻变化很多。

【鱼馁肉败】鱼馁（něi）：鱼臭烂。肉败：肉腐烂。语出《论语·乡党》："食不厌精，脍不厌细。食饐而餲，鱼馁而肉败，不食；色恶，不食；臭恶，不食；失饪，不食；不时，不食；割不正，不食；不得其酱，不食。"鱼烂肉腐。泛指变质的食物。

【鱼头参政】鱼头："鲁"字为"鱼"字下加"日"字，故称鱼为鲁头。参政：即参知政事。语出《宋史·鲁宗道传》："枢密使曹利用恃权骄横，宗道屡于帝前折之。自贵戚用事者皆惮之，目为'鱼头参政'，因其姓，且言骨鲠如鱼头也。"北宋鲁宗道刚正嫉恶，敢于直言极谏，为朝中权贵奸臣所忌惮，因其姓鲁，且秉性耿直，故称。

【鱼网鸿离】鸿：鸿雁。离：通"罹"，遭受。语出《诗经·邶风·新台》："鱼网之设，鸿则离之。燕婉之求，得此戚施。"清·蒲松龄《聊斋志异·胭脂》："越壁入人家，止期张有冠而李借；夺兵遗绣履，遂教鱼脱网而鸿离。"张网捕鱼，捉到的是鸿雁。比喻得到的不是自己想要的，得非所愿。

【鱼游釜中】釜（fǔ）：古代的一种锅。《后汉书·张纲传》："遂复相聚偷生，若鱼游釜中，喘息须臾间耳。"鱼在锅里游。比喻处境不妙，危亡在即。

【鱼鱼雅雅】鱼鱼：鱼游成行的样子。雅雅：鸦飞成阵的样子。唐·韩愈《元和圣德诗》："天兵四罗，旂常婀娜。驾龙十二，鱼鱼雅雅。"鱼游成行，鸦飞成阵。形容队伍整齐、威仪整肃。

【鱼质龙文】质：质地，实质。文：通"纹"，纹彩。东晋·葛洪《抱朴子·吴失》："夫鱼质龙文，似是而非，遭水而喜，见獭即悲。"鱼的本质，龙的外表。形容徒有其表，名不副实。

【与古为徒】徒：同类人。《庄子·人间世》："为人之所以为者，人亦无疵焉，是之谓与人为徒。成而上比者，与古为徒。"与古人为朋友。原指援引史事，借古讽今。后指推崇古人。

【与世偃仰】偃仰：俯仰。语出《诗经·小雅·北山》："与时迁徙，与世偃仰。"西汉·韩婴《韩诗外传》："其持检应变曲当，与时迁徙，与世偃仰，千举万变，其道一也。"意谓没有一定的主张，随大流。比喻随俗浮沉。

【雨霾风障】霾：由空气中悬浮的烟、尘等微粒形成的混浊现象。风障：置于农田畦侧，用来挡风的屏障。宋·吴潜《满江红·九日郊行》："尽敛却，雨霾风障，雾沈云暝。远岫四呈青欲滴，长空一抹明于镜。"形容狂风暴雨。

【雨旸时若】旸（yáng）：太阳出来，晴天。时若：四时和顺。语出《尚书·洪范》："曰肃，时雨若；曰乂，时旸若。"元·马致远《荐福碑》："雨旸时若在仁君，鼎鼐调和有大臣。"形容晴雨适时，气候调和。

【玉昆金友】昆友：兄弟。金：益友，良友。《南史·王铨传》："铨虽学业不及弟锡，而孝行齐焉，时人以为铨、锡二王，可谓玉昆金友。"对他人兄弟的美称。

【玉粒桂薪】粒：指米。薪：柴。宋·王禹偁《小高集·陈情表》："望云就日，非无恋阙之心；玉粒桂薪，未有住京之计。"米像玉粒一样贵重，柴像桂树一样值钱。形容生活费用昂贵。

【玉马朝周】玉马：指商朝时贤臣微子启。朝周：谓贤臣去殷投周。语出汉·无名氏《论语比考谶》："殷惑女妲己，玉马走。"宋均注："女妲己，有美色也。玉马，喻贤臣奔去也。"唐·刘禹锡《后梁宣明二帝碑堂下作》："玉马朝周从此辞，园陵寂寞对丰碑。"意谓朝政腐败，贤臣出走。比喻贤臣另择明主。

【玉质金相】 玉、金：表示美物，喻美好。质：本质，质地。相：外貌。语出东汉·王逸《〈离骚〉序》："所谓金相玉质，百世无匹，名垂罔极，永不刊灭者矣。"南朝·梁·刘孝标《辩命论》："昔之玉质金相，英髦秀达，皆摈斥于当年，韫奇才而莫用。"形容人的表里俱美。后比喻文章的形式、内容都完美。

【饫甘餍肥】 饫（yù）：饱。餍（yàn）：吃饱。清·曹雪芹《红楼梦》第一回："当此时，则自欲将已往所赖天恩祖德，锦衣纨绔之时，饫甘餍肥之日，背父兄教育之恩，负师友规谈之德，以致今日一技无成半生潦倒之罪，编述一集，以告天下人。"饱食肥美食物。形容生活十分优裕或奢侈。

【狱犴不治】 狱犴（àn）：泛指监禁囚犯的地方。不治：谓处理得不当。《荀子·宥坐》："三军大败，不可斩也；狱犴不治，不可刑也，罪不在民故也。"意谓监狱在没有很好地应用法令治理的情况下，便不能用刑。

【鬻声钓世】 鬻（yù）：卖。南朝·梁·刘勰《文心雕龙·情采》："诸子之徒，心非郁陶，苟驰夸饰，鬻声钓世，此为文而造情也。"形容沽名钓誉。

【渊渟岳峙】 渊：深潭。渟（tíng）：水积聚而不流通。岳：山岳。峙：耸立。语出东晋·葛洪《抱朴子·名实》："执经衡门，渊渟岳立。宁洁身以守滞，耻胁肩以苟合。"如深渊一样深沉，像高山一样耸峙。形容人的品德高尚。

【渊鱼丛爵】 渊鱼：深渊中的鱼。丛：聚集。爵：通"雀"。语出《孟子·离娄上》："故为渊驱鱼者，獭也；为丛驱爵者，鹯也；为汤武驱民者，桀与纣也。"意谓不为善政，结果把人民赶到敌人群里去，或把可以依靠的力量、团结的人驱赶到对立面。也比喻措施不当,使自己的利益流归对方。

【元方季方】 元方:东汉陈纪的字。季方:东汉陈谌的字。南朝·宋·刘义庆《世说新语·德行》:"陈元方子长文有英才,与季方子孝先各论其父功德,争之不能决。咨之太丘。太丘曰:'元方难为兄,季方难为弟。'"意谓兄弟俩难分高下。比喻兄弟才能相当。

【沅茝澧兰】 沅(yuán):沅江,发源于贵州,流入湖南。茝(zhǐ):同"芷"。澧(lǐ):水名,在湖南西北部,流入洞庭湖。茝、兰:都为香草。语出战国·楚·屈原《九歌·湘夫人》:"沅有茝兮澧有兰。"王逸注:"言沅水之中有盛茂之芷,澧水之内有芬芳之兰,异于众草。"本指生于沅、澧两岸的芳草。比喻高洁的人品或高尚的事物。

【圆凿方枘】 凿(záo):榫眼。枘(ruì):榫头。语出战国·楚·宋玉《九辩》:"圆凿而方枘兮,吾固知其龃龉而难入。"圆的榫眼插不进方的榫头。比喻事物不合拍,不相吻合。

【源清流洁】 源:源头。流:下游。语出《荀子·君道》:"故械数者,治之流也,非治之原也;君子者,治之原也。官人守数,君子养原。源清则流清,源浊则流浊。"东汉·班固《泗水亭碑铭》:"源清流洁,本盛末荣。"水源清,流出的水也清。比喻身居高位的人正派,处在其下面的人也正派。也比喻事物的本源好,发展的结局也好。

【愿得耿君】 耿君:指东汉时东郡太守耿纯。语出明·张岱《夜航船·选举部·郡守》:"汉耿纯为东郡太守,多善政,盗贼清宁。内召去任,百姓思慕不已。光武驾过东郡,百姓数千随车驾,云:'愿复得耿君。'"意谓耿纯治理一方,深得民心,老百姓不愿其离任。

【越凫楚乙】 凫(fú):野鸭。乙:通"鳦",燕子。语出《南史·顾欢传》："昔有飞鸿天首，积远难亮。越人以为凫，楚人以为乙，人自楚越，鸿常一耳。"同一只飞鸿，越人以为是野鸭，楚人以为是燕子。比喻由于主观片面，对事物认识不清而判断错误。也形容名异而实同。

【云泥异路】云泥：云在天，泥在地，意谓相距甚远。宋·陈亮《与辛幼安殿撰书》："亮空闲没可做时，每念临安相聚之适，而一别遽如许，云泥异路又如许。"如同天上的云和地下的泥那样高下不同。比喻地位相差悬殊。

【云散高唐】高唐：战国时楚国的台观，名高唐馆，在云梦泽中。宋·晁端礼《满庭芳》："悲凉，人事改，三春秾艳，一夜繁霜。似人归洛浦，云散高唐。"比喻在一起的人分散到各个地方。也比喻美好的婚姻转瞬即逝，夫妇间恩情断绝，欢乐成空。

【云屯星聚】屯：聚集。明·邵璨《香囊记·败兀》："丘爷爷手下猛将如虎，战士如蜂，云屯星聚，布流四方津要去处。"众多的人聚集在一起。形容人多势众。

Z

【再实之木,其根必伤】 再实:一年内两次开花结果。语出春秋·宋·计然《文子·符言》:"再实之木,其根必伤;多藏之家,其后必殃。夫大利者反为害,天之道也。"《后汉书·马皇后纪》:"常观富贵之家,禄位重叠,犹再实之木,其根必伤。"一年之内两次开花结果的树,其根必受伤。比喻过度幸运,反而招致灾祸。

【簪盍良朋】 簪(zān):聚拢。盍(hé):同"合",聚合。良朋:好友。宋·王十朋《蓬莱阁赋(并序)》:"天高气肃,秋色平分,簪盍良朋,把酒论文。"形容好朋友欢乐相聚。

【凿饮耕食】 凿:挖,掘。耕:耕种。语出东汉·王充《论衡·感虚》:"尧时五十之民击壤于涂,观者曰:'大哉尧之德也!'击壤者曰:'吾日出而作,日入而息,凿井而饮,耕田而食,尧何等力!'"《南齐书·王融传》:"臣亦遭逢,生此嘉运,凿饮耕食,自幸唐年。"挖井而饮,耕种而食。比喻天下太平,百姓安居乐业。

【澡身浴德】 澡:洗澡。浴:沐浴。语出《礼记·儒行》:"儒有澡身而浴德。陈言而伏,静而正之。上弗知也,粗而翘之,又不急为也。"孔颖达疏:"澡身,谓能澡洁其身不染浊也;浴德,谓沐浴于德以德自清也。"三国·魏·曹操《与王修书》:"君澡身浴德，流声本州，忠能成绩，为世美读，名实相副，过人甚远。"像洗澡一样修养品德。意谓修养身心使之纯洁。

【造化小儿】造化：指命运、运气。小儿：小子，为轻蔑的呼谓；也用作对主宰命运之神的轻慢称呼；后也指病魔。《新唐书·杜审言传》："审言病甚，宋之问、武平一等省候如何。答曰：'甚为造化小儿相苦，尚何言？'"对于命运或所遇的一种风趣说法。

【责有攸归】攸（yōu）：所。归，归属。语出宋·司马光《体要疏》："夫公卿所荐举，牧伯所纠劾，或谓之贤者而不贤，谓之有罪而无罪，皆有迹可见，责有所归，故不敢大为欺罔。"责任有所归属。意谓应该承担的责任不能推卸。

【泽及枯骨】泽：恩泽。语出《吕氏春秋·孟冬纪·异用》："文王贤矣，泽及髊骨，又况于人乎！"《封神演义》第二十三回："众人听见此言，大呼曰：'圣德之君，泽及枯骨，何况我等人民，不沾雨露之恩。'"周文王在野外巡视，见路有枯骨，令人掩埋之。意谓君主恩泽及于死者。后形容给人以极大的恩惠。

【昃食宵衣】昃（zè）：太阳偏西，指傍晚到入夜时分。宵：夜。南朝·陈·徐陵《陈文皇帝哀册文》："勤民听政，昃食宵衣。"太阳西下时才吃饭，天不亮就穿衣起床。形容勤于政务。

【斩将搴旗】搴（qiān）：拔取。《史记·刘敬叔孙通列传》："汉王方蒙矢石争天下，诸生宁能斗乎？故先言斩将搴旗之士。"杀死敌军将领，夺取敌方的旗帜。形容作战猛勇。

【湛恩汪濊】湛（zhàn）：深。汪濊（huì）：深广。南朝·梁·萧统《文选·司马相如》："汉兴七十有八载，德茂存乎六世，威武纷纭，湛恩汪濊，群生沾濡，洋溢乎方外。"李善注引张揖曰："汪濊，深貌也。"形容恩泽深厚。

【彰善瘅恶】彰：表彰。瘅（dàn）：斥责。《尚书·毕命》："彰善瘅恶,树之风声。"宋·陈亮《酌古论·诸葛孔明》:"江东既平,天下既一,偃武修文,彰善瘅恶,崇教化,移风俗。"意谓表扬好的,斥责恶的。

【诏书挂壁】 诏书:皇帝通告臣民的文书。挂壁:挂在墙上,喻搁置不用。语出东汉·崔寔《政论》:"今典州郡者,自违诏书,纵意出入。每诏书所欲禁绝,虽重恳恻,骂詈极笔,由复废舍,终无悛意。故里语曰:'州郡记,如霹雳,得诏书,但挂壁。'"《北齐书·樊逊传》:"诏书挂壁,有善而莫遵;奸吏到门,无求而不可。"形容地方官员掌控大权,不顾朝廷诏令,使诏书成为一纸空文。

【辙乱旗靡】 辙:车轮轧出的痕迹。靡:倒下。语出《左传·庄公十年》:"吾视其辙乱,望其旗靡,故逐之。"宋·陈淳《西楚霸王庙二绝》:"辙乱旗靡绕旧畿.烽烟起处羽书驰。"车辙错乱,旗子倒下。形容军队溃败、逃窜。

【珍产淫货】 珍产:珍贵的特产。淫货:诱人的物品。宋·王安石《慈溪县学记》:"慈溪小邑,无珍产淫货,以来四方游贩之民。"珍贵的特产和诱人的奇货。

【枕干之雠】 干:盾。枕干:枕着盾牌睡觉。形容复仇心切。雠(chóu):仇敌,仇人。语出《礼记·檀弓上》:"子夏问于孔子曰:'居父母之仇,如之何?'夫子曰:'寝苫,枕干,不仕,弗与共天下也。'"宋·无名氏《儒林公议》卷上:"由是阉宦大噪,恶弼如枕干之雠矣。"有不共戴天之仇恨。形容复仇心切。

【蒸沙成饭】 蒸:煮。语出《楞严经》第六十四卷:"若不断淫,修禅定者,如蒸沙石,欲成其饭,经百千劫,只名热沙。何以故?此非饭,本沙石成故。"把沙煮成饭。比喻事情不可能成功。

【正其谊不谋其利】 正:合于法则,规矩端正。谊:通"义",合宜的道德、行为。谋:图谋。《汉书·董仲舒传》:"夫仁人者，正其谊不谋其利，明其道不计其功，是以仲尼之门，五尺之童，羞称五霸，为其先诈力，而后仁义也。"意谓言行合乎正义，不谋个人私利。

【证龟成鳖】 龟：乌龟。鳖：甲鱼。宋·苏轼《东坡志林·贾氏五不可》："晋武帝欲为太子娶妇，卫瓘曰：'贾氏有五不可：青、黑、短、妒而无子。'竟为群臣所誉，娶之，竟以亡晋。……俚语曰'证龟成鳖'，此未足怪也。"将乌龟说成甲鱼。比喻为众口所惑，混淆是非，颠倒黑白。

【之死靡它】 之：至。靡：无，没有。靡它：谓无二心。语出《诗经·鄘风·柏舟》："之死矢靡它，母也天只，不谅人只。"明·李贽《焚书》："忠臣挟忠，则扶颠持危，九死不悔，则临难自奋，之死靡它。"意谓立场坚定，至死不变。形容忠贞不二。

【只轮不反】 只：一个。反：同"返"。语出《公羊传·僖公三十三年》："然而晋人与姜戎要之殽而击之，匹马只轮无反者。"西晋·潘岳《西征赋》："曾只轮之不反，绁三师而济河。"连战车的一个轮子都未能返回。形容遭受大败，全军覆没。

【芝草无根】 芝草：灵芝，瑞草。三国·吴·虞翻《与弟书》："扬雄之才，非出孔子之门；芝草无根，醴泉无源。"灵芝草寄生的朽木没有根。比喻人的成就无所凭借，出于自己的努力。

【芝焚蕙叹】 芝、蕙：都为香草。焚：焚烧。语出西晋·陆机《叹逝赋》："信松茂而柏悦，嗟芝焚而蕙叹。"北周·庾信《庾子·思旧铭》："麟亡星落，月死珠伤。瓶罄罍耻，芝焚蕙叹。"芝草被烧，蕙草伤叹。比喻物伤其类，同类相感。

【枝条如此】 枝条：枝子、树枝。如此：这样。语出南朝·宋·刘义庆《世说新语·言语》："桓公北征，经金城，见前为琅邪时种柳皆已十围，慨然曰：'木犹如此，人何以堪！'攀枝执条，泫然流泪。"宋·马廷鸾《沁园春·为洁堂寿》："笑桓大将军,枝条如此,陶潜处士,门巷归兮。"比喻时光飞逝,年华易失。

【知足不辱,知止不殆】 足:满足。辱:耻辱。《老子·第四十四章》:"知足不辱,知止不殆,可以长久。"宋·苏轼《黄州安国寺记》:"寺僧曰继连,为僧首,七年得赐衣。又赐号,欲谢去,其徒与父老相率留之。连笑曰:'知足不辱,知止不殆。'卒谢去。"知晓满足即不会遭受侮辱,适可而止就不会有危险。多用以劝人不要贪得无厌。

【脂膏不润】 脂膏:油脂。润:贪,占。语出《东观汉记·孔奋》:"姑臧称为富邑,通货羌胡,市日四合,每居县者,不盈数月辄致丰积。奋在姑臧四年,财物不增。……或嘲奋曰:'直脂膏中,亦不能自润。'"比喻清廉自守,不贪财物。

【执而不化】 执:固执。化:变化。《庄子·人世间》:"将执而不化,外合而内不訾,其庸讵可乎?"郭象注:"故守其本意也。"宋·释道璨《方石序》:"能方而不能圆者,执而不化;能圆而不能方者,流而忘返,皆非所谓道也。"形容固执己见,不知变通。

【执两用中】 执:执掌,握有。两:即两端。用中:折中;取其中间,不偏不倚。语出《礼记·中庸》:"执其两端,用其中于民,其斯以为舜乎?"儒家主张中庸之道,谓不偏不倚,把握事物的两端,使之处于统一与平衡的最佳状态。引申为因事制宜,恰当处事。

【执热愿凉】 执:捧,拿着。愿:希望。语出《诗经·大雅·桑柔》:"谁能执热,逝不以濯。"毛传:"濯所以救热也。"南朝·梁·周兴嗣《千字文》:"骸垢想浴,执热愿凉。"意谓捧着个热的东西希望它尽快变凉。

【直谅多闻】 直:正直。谅:诚信。多闻:博学。语出《论语·季氏》："益者三友，损者三友。友直，友谅，友多闻，益矣。友便辟，友善柔，友便佞，损也。"东晋·葛洪《抱朴子·交际》："且夫朋友也者必取乎直谅多闻。"形容为人正直诚实，而且见识广博。

【直木必伐】直木：笔直的大树。伐：砍伐。《逸周书·周祝》："肥豕必烹，甘泉必竭，直木必伐。"树木笔直成材者必先被斩伐。比喻才能突出的人必定会遭受攻讦、祸患。

【直朴无华】无华：没有华美的色彩，朴实无华。清·罗惇曧《文学源流》："至于《易》著《文言》，词尚整饰，《书》垂《典》《诰》，尤多叶韵，群言之祖，排偶尤繁，匪曰直朴无华，遂称复古也。"意谓文章质朴无文采。

【直情径行】径：径直。行：从事。语出《礼记·檀弓下》："有直情而径行者，戎狄之道也。"宋·司马光《传家绩》："苟为不思又不虑，直情径行，虽圣人亦恐喜怒哀乐不能皆中节也。"意谓任凭自己的意志而径直行事。

【咫尺天颜】咫尺：周制八寸为咫，十寸为尺。天颜：天子之颜。语出《左传·僖公九年》："天威不违颜咫尺，原谓天鉴察不远，威严如常在面前。"清·陈康祺《郎潜纪闻》："咫尺天颜，瞻仰尤为亲切。"比喻离天子容颜极近。

【至诚恳恻】恳恻：诚恳痛切。南朝·梁·任昉《齐竟陵文宣王行状》："黜殡之请，至诚恳恻。"宋·王安石《上仁宗皇帝言事书》："以吾至诚恳恻之心，力行而为之倡。"形容万分诚恳。

【志虑忠纯】志虑：志向和心思。忠纯：忠诚纯洁。三国·蜀·诸葛亮《前出师表》："侍中侍郎郭攸之、费祎、董允等，此皆良实，志虑忠纯，是以先帝简拔以遗陛下。"志向和心思均属忠诚、纯洁。形容忠心耿耿，坚贞不二。

【炙冰使燥】炙：烤。燥：干燥。东晋·葛洪《抱朴子·刺骄》：

"欲望肃雍济济，后生有式，是犹炙冰使燥，积灰令炽矣。"用火烤冰块使之干燥。比喻方法不对，事与愿违，只能达到相反目的。

【治丝益棼】 益：越发，更加。棼（fén）：纷乱。《左传·隐公四年》："臣闻以德和民，不闻以乱；以乱，犹治丝益棼之也。"理丝不找头绪，结果越理越乱。比喻做事或解决问题的方法不对头，反而使得局面更加复杂。

【致命遂志】 致命：牺牲性命。遂：实现，达到。《周易·困》："泽无水，困，君子以致命遂志。"清·章炳麟《辨诗》："夫致命遂志，与金鼓之节相依。"意谓牺牲生命以实现理想。

【致仕悬车】 致仕：辞官。悬车：将皇帝所赐的"安车"悬挂起来不用。《汉书·叙传下》："抑抑仲舒，再相诸侯，身修国治，致仕悬车，下帷覃思，论道属书，谠言访对，为世纯儒。"意谓告老隐退或辞官回家。

【致远恐泥】 致远：到达远方。恐：恐怕，生怕。泥（nì）：阻滞拘泥，难行。《论语·子张》："虽小道，必有可观者焉；致远恐泥，是以君子不为也。"意谓恐怕会妨碍远大目标的实现。

【鸷而无敌】 鸷（zhì）：指鹰、雕等凶猛的鸟，引申为勇猛、凶猛。《商君书·画策》："虎豹熊罴，鸷而无敌，有必胜之理也。"形容勇猛无敌，所向披靡。

【掷果盈车】 掷：投掷。盈：充满。语出南朝·宋·刘义庆《世说新语·容止》："潘岳妙有姿容，好神情。"刘孝标注引《语林》："安仁至美，每行，老妪以果掷之满车。"明·梅鼎祚《玉合记·炯约》："其人如玉，空教掷果盈车，当此春景融和，不奈乡心迢递。"意谓西晋时的美男子潘岳，远近闻名，许多爱慕他的少女包括老妪为表达心意，向他的车上扔鲜花和水果。形容女子对男子的爱慕与追捧。

【摘抉杳微】摘(tī)抉：挑剔。语出西晋·陈寿《三国志·吴书·步骘传》："伏闻诸典校摘抉细微，吹毛求疵，重案深诬，辄欲陷人，以成威福。"唐·韩愈《送穷文》："傲数与名，摘抉杳微，高挹群言，执神之机。"意谓挑剔细微小事。

【终风且霾】霾(mái)：空气中因悬浮着大量的烟、尘等微粒而形成的混浊现象。《诗经·邶风·终风》："终风且霾，惠然肯来。莫往莫来，悠悠我思。"形容整天都是狂风和雾霾。

【踵决肘见】踵(zhǒng)决：鞋后跟破裂。肘见(zhǒuxiàn)：整一下衣襟便露出肘弯。语出《庄子·让王》："三日不举火，十年不制衣，正冠而绝缨，捉衿而肘见，纳履而踵决。"鞋跟破敞，衣裂露肘。形容生活贫困。

【踵事增华】踵(zhǒng)：因袭。华：华彩。语出南朝·梁·萧统《文选序》："盖踵其事而增华，变其本而加厉，物既有之，文亦宜然。"形容继续前人的事业、成就并加以发展和提高，赢得新的荣光。

【众煦漂山】煦(xǔ)：吹气。《汉书·中山靖王刘胜传》："夫众煦漂山，聚蚊成雷，朋党执虎，十夫桡椎。"众人一起吹气，可以移动山岳。比喻说坏话的人多了，会产生巨大的负面影响。

【种麦得麦】种(zhòng)：种植。语出《吕氏春秋·用民》："夫种麦而得麦，种稷而得稷，人不怪也。"种下的是麦子，收获的还是麦子。比喻有其因必得其果。

【舟中敌国】舟：船。敌：敌人。语出《史记·孙子吴起列传》："武侯浮西河而下，中流，顾而谓吴起曰：'美哉乎山河之固，此魏国之宝也！'起对曰：'在德不在险，……若君不修德，舟中之人尽为敌国也。'"唐·陆贽《论关中事宜状》："是知立国之安危在势，任事之济否在人，势苟安则异类同心也，势苟危则舟中敌国也。"同坐一船的人都成为敌人。比喻众叛亲离。

【诪张为幻】 诪(zhōu)张：说谎。为幻：弄虚作假。《尚书·无逸》："民无或胥，诪张为幻；此厥不听，人乃训之。"孔安国传："诪张，诳也。君臣以道相正，故下民无有相欺诳幻惑也。"形容以不实之语言来欺骗、迷惑别人，达到目的。

【朱丹其毂】 毂(gǔ)：车轮中心的圆木，代指车轮。西汉·扬雄《解嘲》："客嘲扬子曰：'吾闻上世之人，人纲人纪，不生则已，生必上尊人君，下荣父母。析人之珪，儋人之爵，怀人之符，分人之禄；纡青拖紫，朱丹其毂。'"红色的车轮。形容古代高官所乘华丽的车。

【诛求无时】 诛求：要求别人供给东西，索取。《左传·襄公三十一年》："诛求无时，是以不敢宁居。"形容无休止地勒索诈取，要求别人供给东西。

【竹柏异心】 竹柏：竹与柏，经冬不凋，比喻坚贞。异心：指竹心空、柏心实。语出西汉·东方朔《七谏·初放》："孰知其不合兮，若竹柏之异心。"南朝·梁·刘勰《文心雕龙·才略》："张衡通赡，蔡邕精雅，文史彬彬，隔世相望，是则竹柏异心而同贞，金玉殊质而皆宝也。"意谓竹、柏的本质虽然不同，但都耐寒而有贞节。

【竹苞松茂】 苞：茂盛。松茂：繁盛。语出《诗经·小雅·斯干》："秩秩斯干，幽幽南山。如竹苞矣，如松茂矣。"明·范世彦《磨忠记·杨涟家庆》："亲寿享，愿竹苞松茂，日月悠长。"松竹繁茂。比喻根基稳固，家门兴盛。后常用于祝寿、赞扬、谢恩或房屋落成时的颂词。

【逐物意移】 逐：追逐，追求。移：改变，移动。南朝·梁·周兴嗣《千字文》："守真志满，逐物意移。"意谓一味追求物质、欲壑难填的话，人的性格也会改变。

【主敬存诚】 主敬：秉持恭敬。存诚：心怀坦诚。语出《周易·乾》：

"闲邪存其诚。"《礼记·少仪》:"宾客主恭,祭祀主敬。"意谓要存恭敬之心。

【煮粥焚须】须:胡子。语出《新唐书·李勣传》:"(勣)性友爱,其姊病,尝自为粥而燎其须。姊戒止。答曰:'姊多疾,而勣且老,虽欲数进粥,尚几何?'"为煮粥而燎着了自己的胡须。比喻兄弟姐妹之间的友爱,手足情深。

【注玄尚白】注:记载。玄:黑色。尚:崇尚。宋·宋应星《天工开物·丹青》:"斯文千古之不坠也,注玄尚白,其功孰与京哉!"指白纸黑字的文字记载。

【祝饐祝鲠】祝:祷祝,祝愿。饐(lù):指食物塞住喉咙。鲠(gěng):鱼骨头卡在喉咙里。语出《汉书·贾山传》:"天子之尊,四海之内,其义莫不为臣。然而养三老于太学,亲执酱而馈,执爵而酳,祝饐在前,祝鲠在后。"古代养老之礼,即老人进食时多会哽噎,故在其饭前、饭后祷祝之,使之不哽噎。

【祝鮀之佞】祝:宗庙之官。祝鮀(tuó):字子鱼,春秋时期卫国大夫,有口才。佞(nìng):能说会道,巧言谄媚。《论语·雍也》:"不有祝鮀之佞,而有宋朝之美,难乎免于今之世矣。"原指祝鮀能言善辩,以巧言媚人。后以此人为佞人之典型。

【铸山煮海】铸山:开采山中铜矿以铸造钱币。煮海:烧煮海水而获得食盐。语出《史记·吴王濞列传》:"吴有豫章郡铜山,濞则招致天下亡命者盗铸钱,煮海水为盐,以故无赋,国用富饶。"比喻善于开发自然资源。

【转徙无常】徙:迁徙。西晋·陈寿《三国志·吴书·薛综传》:"然其方土寒埆,谷稼不殖,民习鞍马,转徙无常。"明·揭喧《兵经百篇·粮字》:"行千里则运流兼,转徙无常则运粮兼。"转移迁徙没有规律。形容行踪不定。

【庄舄越吟】庄舄(xì):人名,战国时期越国人。语出《史记·张仪列传》:"越人庄舄仕楚执珪,有顷而病。楚王曰:'舄,故越之鄙细人也,今仕楚执王圭,贵富矣,亦思越不?'中谢对曰:'凡人之思故,在其病也。彼思越则越声,不思越则楚声。'使人往听之,犹尚越声也。"东汉·王粲《登楼赋》:"钟仪幽而楚奏兮,庄舄显而越吟。人情同于怀土兮,岂穷达而异心。"庄舄吟唱越国歌曲。形容眷恋家乡,不忘故国。

【庄庄其士】庄庄:端庄正直的样子。士:具某种品质或技能的人。语出《管子·小问》:"至其壮也,庄庄乎何其士也。"指行为端庄正直、品行优良的人。

【追风蹑景】 追风:形容马奔驰,也泛指名马。蹑(niè)景:追赶日影,比喻极其迅速。东晋·葛洪《抱朴子·内篇序》:"奋翅则能凌厉玄霄,驰足则能追风蹑景。"清·郎廷槐《师友诗传录》:"七言古诗若李太白、杜子美、韩退之三家,横绝万古;后之追风蹑景,惟苏长公一人而已。"形容马的奔驰。也比喻才力卓绝,可以追赶或超越前人。

【追风逐电】追风、逐电:形容马奔驰,比喻速度极快。语出北齐·刘昼《新论·知人》:"故孔方谭之相马也,虽未追风逐电,绝尘灭影,而迅足之势,固已见矣。"宋·朱熹《跋米元章帖》:"米老书如天马脱衔,追风逐电,虽不可范以驰驱之节,要自不妨痛快。"多形容马的奔驰。也比喻书法笔势的灵动舒展。

【追亡逐北】亡:逃亡。北:败北。西汉·贾谊《过秦论上》:"追亡逐北,伏尸百万,血流漂橹。"追击打了败仗的逃亡之敌。

【椎结箕踞】椎(zhuī)结:亦作"椎髻",一种发型,其形如椎,耸于头顶。箕踞:两脚张开,两膝微曲地坐着,形状像箕。西汉·刘向《说苑·奉使》:"尉佗椎结箕踞见陆生。"指古代南越一带人的风俗习惯。也形容轻慢傲视别人。

【坠茵落溷】茵:垫褥。溷(hùn):粪坑。语出《梁书·范缜传》:

"人之生譬如一树花，同发一枝，俱开一蒂，随风而堕，自有拂帘幌坠于茵席之上，自有关篱墙落于粪溷之侧。"花瓣随风飘落，有的飘在垫褥上，有的落入粪坑中。比喻人生境遇不同，多取决于偶然的机遇。

【卓荦不羁】 卓：卓越。荦（luò）：特出，明显。羁（jī）：束缚。南朝·宋·何法盛《中兴书》："徽之卓荦不羁，欲为傲达，放肆声色，颇过度，时人钦其才，秽其行也。"卓越超群，不甘受拘束。也比喻自由自在，不受拘束。

【酌金馔玉】 酌：喝酒。馔（zhuàn）：饭食。唐·骆宾王《骆宾王集·帝京篇》："平台戚里带崇墉，酌金馔玉待鸣钟。小堂绮帐三千户，大道青楼十二重。"喝酒的杯子是金制的，盛菜肴的器皿是玉做的。形容贵族生活的穷奢极欲。

【斲轮老手】 斲（zhuó）轮：砍木头做车轮。老手：经验丰富的人。语出《庄子·外篇·天道》："是以行年七十而老斲轮。"春秋时齐国人轮扁是制造车轮的名匠。指对某种事情具有经验的人。

【咨诹善道】 咨：询问，咨询。诹（zōu）：商议。三国·蜀·诸葛亮《前出师表》："陛下亦宜自谋，以咨诹善道，察纳雅言，深追先帝遗诏。"意谓询问治国的良计妙道。

【自贻伊戚】 贻：遗留。伊：此。戚：忧愁。《诗经·小雅·小明》："心之忧矣，自诒伊戚。"明·凌濛初《二刻拍案惊奇》卷十八："审得甄廷诏误用药而死于淫，春花婢醉汇事而死于悔，皆自贻伊戚，无为可抵，两死相偿足矣。"比喻自寻烦恼，自招忧患。

【走花溜水】 走花：花言巧语。溜水：屋檐水下淌，流利；迅速。出自明·吴承恩《西游记》第七十四回："你莫象才来的那个和尚，走花溜水的胡缠。"比喻吹牛，说大话。

【钻冰求酥】 酥：酥油，牛羊奶制成的食品。三国·吴·支谦译《菩萨本缘经·兔品》："譬如钻冰求酥，是实难得。"想要钻开冰取得酥油是不可能的事。意谓主观想要的东西因不符合客观条件一定会劳而无功。

【钻火得冰】 钻火：钻木取火，泛指升火。唐·释道世《法苑珠林·妖惑乱众》："窃闻声调响顺，形直影端，未见钻火得冰，种豆得麦。"钻木取火却得到了冰。比喻理所必无，完全不可能存在或发生的事情。

【钻坚研微】 钻、研：深入研究。坚、微：比喻艰深、精微的道理与学问。《晋书·虞喜传》："伏见前贤良喜天挺贞素……博闻强识，钻坚研微有弗及之勤，处静味道无风尘之志，高枕柴门，怡然自足。"形容推究事理或钻研艰深精微的学问。

【缵禹之绪】 缵(zuǎn)：继承。绪：业绩。《诗经·鲁颂·閟宫》："奄有下土，缵禹之绪。"意谓继承前人留下来的事业。

【罪人亡孥】 亡(wú)：没有。孥(nú)：妻子和儿子。西汉·晁错《贤良文学对策》："肉刑不用，罪人亡孥。"意谓罪及自身，不连累其妻子和儿子。

【醉酒饱德】 醉酒：喝足了酒。饱德：饱受恩德。语出《诗经·大雅·既醉》："既醉以酒，既饱以德；君子万年，尔介景福。"唐·孙揆年《灵应传》："幸以寓止郊园，绵历多祀，醉酒饱德，蒙惠诚深。"喝够了酒，又饱受恩德。多为酬谢主人宴饮之辞。

【尊闻行知】 尊：重视。行：践行。语出《汉书·董仲舒传》："曾子曰：'尊其所闻，则高明矣；行其所知，则光大矣。'"宋·朱熹《跋向伯元遗戒》："晚年退处于家，尊闻行知，不以老而少懈。"比喻重视所闻之言，力行所知之事。

【遵养时晦】 遵：遵循。养：保养。时：时势。晦：隐藏。《诗经·周颂·酌》："于铄之师，遵养时晦。"朱熹注："此亦颂武王之诗，言其初有于铄之师而不用，退自循养，与时皆晦。"原颂扬周武王顺应时势，退隐待时。后多指暂时隐居，等待时机。

【作舍道边】 作舍：建造房子。道边：路旁。语出《诗经·小雅·小旻》"如彼筑室于道谋，是用不溃于成。"《后汉书·曹褒传》："谚言作舍道边，三年不成。会礼三家，名为聚讼，互生疑异，笔不得下。"在路边造房子与路人商量。比喻众说纷纭，莫衷一是，难以成事见效。

词目笔画索引

一画

一人元良 …………… 157
一人立志，万夫莫夺 …… 156
一口两匙 …………… 155
一千一方 …………… 155
一子悟道，九族生天 …… 158
一日九迁 …………… 157
一日之长 …………… 157
一日之雅 …………… 157
一日纵敌，数世之患 …… 157
一牛九锁 …………… 156
一毛吞海 …………… 156
一仍旧贯 …………… 157
一龙一猪 …………… 156
一匡九合 …………… 155
一死一生，乃知交情 …… 158
一岁使长百岁奴 …… 158
一时千载 …………… 157
一言既出，如白染皂 …… 158
一狐之腋 …………… 155
一柱擎天 …………… 158
一树百获 …………… 157
一栖两雄 …………… 156
一傅众咻 …………… 155
一馈十起 …………… 155
一谦四益 …………… 156
一瞑不视 …………… 156
一薰一莸 …………… 158
一蟹不如一蟹 …… 158

二画

二缶钟惑 …………… 32
二旬九食 …………… 32
七青八黄 …………… 103
人一己百 …………… 110
人谋不臧 …………… 110
匕鬯不惊 …………… 7

三画

词条	页码
三木之下，何求不得	113
三坟五典	113
三杯和万事	113
干父之蛊	42
土阶茅屋	130
土壤细流	130
士俗不可医	119
士饱马腾	119
才华卓荦	14
才疏意广	14
下气怡声	142
下乔入幽	142
下坂走丸	141
下陵上替	142
寸木岑楼	24
寸阴若岁	24
寸晷惟宝	24
大业未集	25
大辂椎轮	25
大酺三日	25
大醇小疵	25
兀兀秃秃	138
与世偃仰	167
与古为徒	167
万世一时	133
万签插架	132
上树拔梯	114
小往大来	145
小惩大诫	144
小廉曲谨	145
口中蚤虱	73
口角春风	72
口沸目赤	72
口诵心惟	73
山阳闻笛	114
山陬海澨	114
千了百当	104
乞儿乘车	103
乞浆得酒	103
川壅必溃	22
丸泥封关	132
久违謦欬	68
久束湿薪	68
及瓜而代	61
亡戟得矛	133
门不停宾	86
门衰祚薄	87
之死靡它	174
飞土逐肉	35
飞鸟惊蛇	35
飞刍挽粟	34
飞声腾实	35

飞苍走黄	34
飞将数奇	35
飞谋荐谤	35
飞遁鸣高	34
飞觥献斝	34
飞熊入梦	35
飞檐反宇	36
习非胜是	141
马耳东风	85
马往犬报	85
马腹逃鞭	85
乡风慕义	143
乡里夫妻	143
乡壁虚造	143

四画

丰亨豫大	37
丰取刻与	38
井渫不食	68
开口见心	71
开雾睹天	71
天方荐瘥	128
天保九如	128
天悬地隔	128
天寒地坼	128
元方季方	169
无可訾议	137

无衣之赋	137
无咎无誉	137
无适无莫	137
无待蓍龟	137
无盐不解淡	137
无病自灸	136
无愧衾影	137
云屯星聚	170
云泥异路	170
云散高唐	170
木干鸟栖	90
木梗之患	90
木强少文	90
五角六张	138
五黄六月	138
不丰不杀	11
不日不月	12
不以一眚掩大德	12
不可方物	11
不失圭撮	12
不劣方头	12
不伏烧埋	11
不次之迁	11
不间不界	11
不忮不求	12
不苟訾议	11
不知薡蕫	12

不差累黍	11
不诱于誉，不恐于诽	12
不蔓不枝	12
太仓一稊米	126
车在马前	17
车殆马烦	17
比屋可诛	7
切切偲偲	105
切磨箴规	105
日夜孳孳	111
日就月将	111
日割月削	111
贝联珠贯	6
见兔顾犬	64
见素抱朴	64
牛农对泣	96
牛鼎烹鸡	96
牛嚼牡丹	96
毛举细故	86
升堂拜母	117
长林丰草	17
长颈鸟喙	16
长算远略	17
长算屈于短日	17
凶终隙末	146
分香卖履	37
勿药有喜	138
丹阳布衣	26
丹青之信	26
丹黄甲乙	25
丹楹刻桷	26
丹漆随梦	25
乌飞兔走	136
凤凰晒翅	38
六出冰花	80
六合之外存而不论	80
六合时邕	80
六经皆史	80
六通四辟	80
文搜丁甲	136
火中生莲	58
为人诖误	135
为虎傅翼	135
为虺弗摧	135
斗而铸锥	29
计不旋踵	62
计日程功	62
认影迷头	110
心迹双清	145
心雄万夫	145
尺泽之鲵	19
尺璧寸阴	19
以刃镊腹	161
以升量石	161

以冰致蝇	161
以狸饵鼠	161
以碬投卵	161

五画

玉马朝周	167
玉昆金友	167
玉质金相	168
玉粒桂薪	168
击碎唾壶	59
正其谊不谋其利	173
甘受诟厉	42
龙马精神	81
龙荒蛮甸	80
龙翔凤翥	81
平地起孤丁	101
北门管钥	6
业峻鸿绩	154
归马放牛	47
且食蛤蜊	105
目不见睫	91
目击道存	91
目使颐令	91
目食耳视	91
目语额瞬	91
只轮不反	174
四大五常	122

四不拗六	122
四方辐辏	122
四时八节	123
四时气备	123
四亭八当	123
四姻九戚	123
四离四绝	122
四清六活	123
生张熟魏	117
生栋覆屋	117
生息蕃庶	117
白鸡之梦	4
瓜皮搭李树	46
瓜剖豆分	46
令原之戚	79
用行舍藏	164
乐昌破镜	75
乐殊贵贱	76
外巧内嫉	132
冬山如睡	29
冬日可爱	28
冬暖夏清	28
冬箑夏裘	29
鸟爪侍娘	95
主敬存诚	179
兰艾同焚	74
兰因絮果	75

成语	页码
兰摧玉折	74
兰薰桂馥	74
半间半界	4
汉人煮箦	52
汉书下酒	52
宁戚饭牛	95
宁媚于灶	95
永矢弗谖	163
司农仰屋	122
尻轮神马	71
弗求弗迪	39
出纳之吝	21
加膝坠渊	62
发扬蹈厉	34
发奸擿伏	33
发昏章第十一	33
发短心长	33
发蒙振落	33
丝恩发怨	122

六画

成语	页码
动中窾要	29
动罔不吉	29
托之空言	131
老龟刳肠	75
老龟煮不烂，移祸于枯桑	75
老蚕作茧	22
老罴当道	75
执而不化	175
执两用中	175
执热愿凉	175
芝草无根	174
芝焚蕙叹	174
过化存神	49
过颐豕视	50
再实之木根必伤	171
西风贯驴耳	139
西缶雪耻	139
西河之痛	139
西眉南脸	139
西颦南琛	139
压雪求油	150
厌难折冲	152
有例不兴，无例不灭	165
百巧成穷	4
百身莫赎	4
百物殷阜	4
存而不论	23
夺气褫魄	31
轨躅清晏	48
迈越常流	85
至诚恳恻	176
光前裕后	47
当为秋霜，无为槛羊	26

吐刚茹柔	130	血流漂杵	149
虫沙猿鹤	20	行罤布气	146
虫霜旱潦	20	舟中敌国	178
虫臂鼠肝	20	合则留，不合则去	52
曲有误，周郎顾	108	合樽促席	52
曲尽人情	108	众煦漂山	178
吕安题凤	83	夙兴温清	124
吊民伐罪	28	负石赴河	40
因袭陈规	162	负贵倨傲	40
回黄转绿	58	负重致远	40
岂知千丽句，不敌一谗言	103	负险不宾	40
网开三面	133	各倾陆海	44
网漏吞舟	133	多端寡要	30
朱丹其毂	179	多藏厚亡	30
先意承志	142	色乐珠玉	113
竹苞松茂	179	冰壶秋月	8
竹柏异心	179	冰解冻释	9
迁兰变鲍	104	庄庄其士	181
传柄移籍	22	庄舃越吟	180
休牛放马	147	庆吊不行	107
伏而咶天	39	衣冠枭獍	159
优孟衣冠	164	衣裁練布	159
华屋山丘	57	衣锦褧衣	159
仰首伸眉	153	衣裳之会	159
伈伈睍睍	146	衣褐怀宝	159
自贻伊戚	182	充类至尽	20
伊于胡底	159	妄下雌黄	134

妄言则乱	134	进旅退旅	67
妄言妄听	134	吞纸抱犬	131
闭门却扫	7	扠空砑光	18
汤武放伐	127	扠篷拉纤	18
兴灭继绝	146	走花溜水	182
安常履顺	1	攻过箴阙	45
安富恤穷	1	攻苦食淡	45
讲信修睦	64	赤口白舌	20
设弧之辰	115	赤舌烧城	20
设帨之辰	115	投隙抵巇	129
弛期更日	19	志虑忠纯	176
阳儒阴释	153	拟于不伦	94
阪上走丸	4	苍黄翻覆	14
阶前万里	65	严恭寅畏	150
防意如城	34	克传弓冶	72
如食哀梨	111	克奏肤功	72
如狼牧羊	111	苏海韩潮	124
观往知来	46	极天际地	61
观隅反三	46	杨可告缗	153
买菜求益	85	杨意不逢	153
纡郁难释	165	更仆难数	44
纤介之失	142	束雪量珠	121
纤芥无爽	143	丽姬悔泣	77
		豕交兽畜	118
		豕虱濡濡	118
		来日大难	74
弄璋弄瓦	96	来好息师	74
进寸退尺	67		

七画

连类比物	77	饫甘餍肥	168
连璧贲临	77	饭糗茹草	34
连镳并轸	77	饮灰洗胃	163
步线行针	13	饮冰食檗	162
步罡踏斗	13	饮河满腹	163
卤莽灭裂	81	饮醇自醉	163
吴牛喘月	138	言人人殊	151
旷职偾事	73	言方行圆	150
困心衡虑	73	言近指远	151
别具肺肠	8	言提其耳	151
财多命殆	14	闳中肆外	53
告朔饩羊	43	羌无故实	105
秀而不实	147	沅茞澧兰	169
作舍道边	184	沤珠槿艳	98
伯牛之疾	9	沧肌浃髓	83
伯玉知非	10	沧沧凉凉	15
伯俞泣杖	9	沉李浮瓜	18
伯虑愁眠	9	沉灶生蛙	18
伯歌季舞	9	怀瑾握瑜	57
身名俱泰	115	忧心如酲	164
身言书判	115	宋斤鲁削	124
佛口蛇心	38	穷鸟入怀	107
佛头着粪	38	穷鼠啮狸	107
近水惜水	67	穷猿奔林	107
龟毛兔角	48	穷源竟委	108
龟龄鹤算	48	良田不如心田好	78
狂花病叶	73	补天浴日	10

补苴罅漏	10		拔葵啖枣	3
识二五而不知十	118		拔犀擢象	3
罕譬而喻	52		拖紫垂青	131
诏书挂壁	173		抵掌而谈	27
改曲易调	42		抱关击柝	5
陈平席门	18		取乱侮亡	109
附赘悬疣	41		若敖之鬼	112
附骥攀鸿	41		苟合取容	45
坠茵落溷	181		苞苴公行	5
陂湖禀量	6		苞苴竿牍	5
妍皮痴骨	151		直木必伐	176
忍尤攘诟	110		直朴无华	176
鸡虫得失	59		直谅多闻	175
鸡豚之息	59		直情径行	176
鸡廉狼吞	59		枉尺直寻	133
鸡鹜争食	59		枉道速祸	133
驴生戟角	83		枝条如此	174
			杯蛇鬼车	6

八画

			板板六十四	4
青毡故物	106		枕干之雠	173
责有攸归	172		画沙聚米	57
规求无度	48		雨旸时若	167
规贤矩圣	48		雨霾风障	167
规矩准绳	48		卖李钻核	86
拓土画疆	131		卖剑买牛	86
拔茅连茹	3		奔车之上无仲尼,	
拔赵帜立赤帜	3		覆舟之下无伯夷	7

词目	页码	词目	页码
转徙无常	180	罗雀掘鼠	83
斩将搴旗	172	罔谈彼短	134
非日非月	36	知足不辱,知止不殆	175
非夷非惠	36	牧竖之焚	91
非异人任	36	物至则反	138
非钱不行	36	刮肠洗胃	46
非愚则诬	37	委曲如琐	135
非意相干	36	委肉虎蹊	135
肯堂肯构	72	使功不如使过	119
卓荦不羁	182	使羊将狼	119
虎尾春冰	56	使贪使愚	119
虎饱鸱咽	56	使臂使指	119
虎掷龙拏	56	侥得侥失	48
虎啸风生	56	佟丽闳衍	19
杲杲日出	43	卑之无甚高论	6
昃食宵衣	172	卑以自牧	6
昌歜羊枣	16	径情直遂	68
明扬仄陋	88	所得戋戋	125
易地则皆然	161	金马碧鸡	66
易衣而出,并日而食	162	金针度人	66
易初本迪	161	金相玉质	66
虮虱相吊	62	金翅擘海	66
鸣琴化洽	88	采芹之忧	14
咄嗟立办	30	贪贿无艺	126
岸帻笑咏	2	贫士市瓜	101
岩居川观	151	贫女分光	101
罗钳吉网	83	朋党比周	100

鱼龙曼衍	166	沿波讨源	151
鱼头参政	166	注玄尚白	180
鱼弘四尽	165	泮林革音	99
鱼网鸿离	166	泥船渡河	94
鱼沉鸿渐	165	波属云委	9
鱼质龙文	167	泽及枯骨	172
鱼鱼雅雅	166	治丝益棼	177
鱼烂土崩	165	学老于年	149
鱼馁肉败	166	宝珠市饼	5
鱼游釜中	166	审如其言	117
兔起凫举	130	空花阳焰	72
狐死首丘	55	视丹如绿	119
狐听之声	55	视民如伤	120
狐凭鼠伏	54	诛求无时	179
狐埋狐搰	54	询事考言	149
狐媚猿攀	54	居不重茵	69
狐裘羔袖	55	屈一伸万	108
狗吠非主	45	屈鄙行鲜	108
炙冰使燥	176	承颜候色	18
枭视狼顾	144	亟疾苛察	61
夜月昼星	155	驽马恋栈豆	97
夜雨对床	154	驽蹇之乘	96
刻画无盐	72	虱处裈中	118
单醪投川	26	虱胫虮肝	118
炊沙作饭	22	艰难竭蹶	63
河清海晏	53	细大不捐	141
河清难俟	53	驷之过隙	123

驷不及舌	123	树德务滋	121
终风且霾	178	面北眉南	88
驿使梅花	162	牵萝补屋	104
经明行修	67	鸥鹭忘机	98
		轻巧尖新	107

九画

春祈秋报	22	轻尘栖弱草	106
珍产淫货	173	轻裘缓带	107
持盈保泰	19	轻薄莲华	106
项背相望	144	鸦雀不闻	150
项领之忧	144	鸦巢生凤	150
挖耳当招	132	背本趋末	6
荆棘铜驼	67	背城借一	7
草头木脚	16	临深履薄	78
草蛇灰线	15	尝鼎一脔	17
草薙禽狝	16	贵不召骄	49
胡孙入袋	55	贵耳贱目	49
胡肥钟瘦	55	贵冠履，轻头足	49
南山可移	93	虾荒蟹乱	141
南山有鸟，北山张罗	93	思虑恂达	122
南风不竞	93	贻厥孙谋	160
南州冠冕	93	贻厥嘉猷	160
南甜北盐	93	骨肉相诒	46
药笼中物	154	钝学累功	30
相鱼南故	143	钩辀格磔	45
相视而笑，莫逆于心	143	钩章棘句	45
柳树上着刀，桑树上出血	79	钩深致远	45
		种麦得麦	178

成语	页码	成语	页码
秋草人情	108	染须种齿	110
秋荼密网	108	济河焚舟	62
科头跣足	71	济弱扶倾	62
笃初诚美	30	浑金璞玉	58
笃新怠旧	30	浑俗和光	58
信及豚鱼	146	举鼎绝脰	70
信不由中	146	室如悬磬	120
泉石膏肓	109	室迩人远	120
鬼出电入	49	宫邻金虎	45
鬼设神使	49	穿杨贯虱	22
追亡逐北	181	诪张为幻	179
追风逐电	181	袂云汗雨	86
追风蹑景	181	神融气泰	116
须弥芥子	147	祝僇祝鲠	180
剑戟森森	64	祝鮀之佞	180
食马留肝	118	退有后言	130
食前方丈	118	屋下架屋	136
狱犴不治	168	咫尺天颜	176
贸首之雠	86	屏风九叠	101
哀吹豪竹	1	怒猊渴骥	97
哀告宾服	1	怒蛙可式	97
度德量力	31	勇于私斗，怯于公愤	164
养虺成蛇	154	勇动多怨	164
美女者丑妇之仇	86	勇猛精进	164
逆取顺守	94	矜纠收缭	66
洪炉点雪	54	矜壮死暴	67
洗垢求瘢	141	绝甘分少	70

十画

词目	页码
泰山压卵	126
泰山梁木	126
泰而不骄	126
秦庭之哭	106
蚕丝牛毛	14
顽廉懦立	132
匪躬之节	37
匪愚伊耄	37
都俞吁咈	29
盍往观之	53
莫之与京	89
莫予毒也	89
恶紫夺朱	32
酌金馔玉	182
配享从祀	100
唇吻翕辟	22
厝火积薪	24
夏雨雨人	142
夏屋渠渠	142
砥砺廉隅	27
础泣而雨	21
逐物意移	179
致仕悬车	177
致远恐泥	177
致命遂志	177
柴车幅巾	16
眩碧成朱	148
鸭步鹅行	150
盎盂相敲	2
圆凿方枘	169
钻火得冰	183
钻冰求酥	182
钻坚研微	183
铁中铮铮	129
铁网珊瑚	129
铄懿渊洁	121
铅刀一割	104
造化小儿	172
秤斤注两	18
积不相能	60
积羽沉舟	60
积厚流广	60
积微成著	60
笑比河清	145
笑面夜叉	145
借书留真	66
借交报仇	66
倒持泰阿	26
徒托空言	129
爱育黎首	1
豹死留皮	5
脂膏不润	175

胸中瑕蹉	147	酒食地狱	69
胶车逢雨	64	酒病花愁	69
胶柱鼓瑟	64	消息盈冲	144
鸱目虎吻	19	涅而不缁	95
桀溺长沮	65	海水群飞	51
衰庸阘懦	121	海立云垂	51
高下在心	43	海岱清士	51
高门容驷	42	海屋添筹	51
高材疾足	42	浮云朝露	40
高步云衢	42	浮石沉木	39
高明妇人	43	浮岚暖翠	39
高睨大谈	43	浮语虚辞	39
郭隗请始	49	浮家泛宅	39
疾言遽色	61	涤瑕荡秽	27
离娄之明	76	流行坎止	79
衮实无阙	49	流金铄石	79
剖腹藏珠	101	悚惧恐惶	123
旁午走急	100	悃质无华	73
旁午构扇	99	家骥人璧	63
旁求俊彦	99	宴安酖毒	152
旁搜远绍	99	容膝之安，一肉之味	111
羞与哙伍	147	被发缨冠	101
兼权熟计	63	冥昭瞢暗	88
兼年之储	63	冥昫亡见	88
兼朱重紫	63	调三斡四	128
酒入舌出	69	调弦理万民	128
酒有别肠	69	谈言微中	127

词目	页码
谈笑封侯	126
谊切苔岑	162
陶犬瓦鸡	127
陶侃之僻	127
通功易事	129
难言兰臭	94
桑落瓦解	113

十一画

词目	页码
琐事萦怀	125
捧腹轩渠	100
鸷而无敌	177
掷果盈车	177
探幽穷赜	127
黄小中丁老	57
黄杨厄闰	57
黄茅白苇	57
黄雀伺蝉	57
萦纡渺弥	163
萧敷艾荣	144
彬彬济济	8
梦中说梦	87
梦幻泡影	87
梗泛萍飘	44
梧鼠五技	138
梯山航海	128
曹衣出水	15

词目	页码
戛戛乎其难哉	63
奢者心常贫	114
雪窖冰天	149
辅车相依	40
虚生浪死	148
虚堂习听	148
虚堂悬镜	148
雀目鼠步	109
雀角之忿	109
眼花耳熟	152
悬剑空垄	148
野人献曝	154
略不世出	84
蛇入竹筒，曲性犹在	114
蛇心佛口	115
累块积苏	76
唯力是视	135
铜山铁壁	129
银杯羽化	162
矫讦沽激	65
移天易日	160
移孝作忠	160
移郊移遂	160
偏怀浅戆	101
徙宅忘妻	141
盘龙之癖	99
悉索薄赋	140

象齿焚身	144	谋夫孔多	90
鸾飘凤泊	83	谋莫过于周密	90
鹿死不择音	82	谋虚逐妄	90
望门投止	134	祸生有胎	58
望杏瞻蒲	134	谘诹善道	182
望岫息心	134	谛分审布	27
望衡对宇	134	屠门大嚼	130
羚羊挂角	79	随风倒舵	124
羝羊触藩	27	婉如清扬	132
敝绨恶粟	7	绳趋尺步	117
清恐人知	107	绳愆纠缪	117
鸿飞冥冥	54		
鸿都买第	54	**十二画**	
鸿渐于干	54	琥珀拾芥	56
鸿乭满纸	54	越凫楚乙	169
渊鱼丛爵	168	博士买驴	10
渊渟岳峙	168	揣歪捏怪	21
深中肯綮	116	搜扬仄陋	124
深文周纳	116	煮粥焚须	180
深肖朕躬	116	握椠怀铅	136
深刺腧髓	116	椒聊繁衍	65
深耕易耨	116	椎心泣血	22
深藏若虚	115	椎结箕踞	181
惜指失掌	140	赍志而殁	60
惇悫纯信	30	雁逝鱼沉	152
密云不雨	87	裂冠毁冕	78
密匝险涩	88	雄鸡断尾	147

词条	页码	词条	页码
雄雄魄魄	147	禽困覆车	106
殚见洽闻	26	禽息鸟视	106
惄焉如捣	95	舜日尧年	121
凿饮耕食	171	鲁卫之政	82
鼎鱼席燕	28	鲁阳挥戈	82
景行维贤	68	鲁鱼帝虎	82
跋胡疐尾	3	猬结蚁聚	135
跗萼连晖	29	裒多益寡	102
跅弛不羁	131	痛痒相关	129
跛鳖千里	10	善言暖于布帛	114
遗大投艰	160	尊闻行知	183
遗簪弃舄	160	遒文丽藻	108
喔咿儒睨	136	道三不着两	27
铸山煮海	180	道路以目	27
铺眉苫眼	102	道殣相枕	27
锋镝余生	38	湛恩汪濊	172
鹅鸭谏议	32	渴尘万斛	71
鹄面鸟形	55	寒蝉仗马	51
税外方圆	121	寒蝉僵鸟	51
策勋饮至	16	窜端匿迹	23
筚门闺窦	7	棨戟遥临	103
舄乌虎帝	141	隔二偏三	44
傍人篱壁	5	隔皮断货	44
奥援有灵	2	隔屋撑橡	44
惩忿窒欲	18	絮酒炙鸡	148
舒吭一鸣	120		
释回增美	120		

十三画

成语	页码
瑚琏之器	56
遨翔自得	2
摄职从政	115
搠笔巡街	121
幕天席地	92
蓬生麻中	100
蓬头历齿	100
兼葭倚玉	63
颐神自守	161
蒸沙成饭	173
楚材晋用	21
楚氛甚恶	21
楚楚谡谡	21
输攻墨守	120
暗室逢灯	2
蜂屯蚁杂	38
蜂虿作于怀袖	38
罪人亡帑	183
愁潘病沈	21
鼠入牛角	121
遥岑寸碧	154
腰鼓兄弟	154
腾蛟起凤	127
鲇鱼上竿	95
解衣推食	65

成语	页码
痴黠各半	19
廉可寄财	77
廉而不刿	77
源清流洁	169
溪壑无厌	140
溯流徂源	124
福过灾生	40
谬采虚誉	88
群蚁附膻	109

十四画

成语	页码
摧陷廓清	23
誓泉之讥	120
聚蚊成雷	70
兢兢切切	68
愿得耿君	169
蜚英腾茂	37
踢天踏地	69
蝇粪点玉	163
镂月裁云	81
镂尘吹影	81
镂冰雕朽	81
管仲随马	47
管城毛颖	47
管窥筐举	47
疑阕实繁	161
膏唇拭舌	43

彰善瘅恶	172	颜苦孔卓	152
漏瓮沃焦釜	81	颜歜抱璞	152
寡见鲜闻	46	遵养时晦	183
察纳雅言	16	潜气内转	105
嫩草怕霜霜怕日	94	屦及剑及	70
翠纶桂饵	23	履贱踊贵	83
翠被豹舄	23	履舄交错	84
缧绁之厄	76	履霜坚冰	84
缩地补天	125		
斲轮老手	182		

十五画

十六画

瑾瑜匿瑕	67	操履无玷	15
醉酒饱德	183	燕翼贻谋	153
暴戾恣睢	5	薄物细故	10
踧踖不安	23	樵苏不爨	105
踧踧周道	23	融融泄泄	111
踞炉炭上	70	飙举电至	8
墨突不黔	89	辙乱旗靡	173
墨悲丝染	89	踵决肘见	178
稷蜂社鼠	62	踵事增华	178
黎丘丈人	76	器二不匮	104
牖中窥日	165	器小易盈	104
膝行肘步	140	器欲难量	104
膝痒搔背	140	穆穆棣棣	92
摩厉以须	89	衡石程书	53
瘠牛偾豚	61	雕文刻镂	28
		雕玉双联	28
		雕肝掐肾	28

磨砖成镜	89	鳏鱼渴凤	47
磨穿铁砚	89	蠖屈求伸	58
燃糠自照	110	簸风弄月	10
澡身浴德	171	靡有孑遗	87
激薄停浇	60	靡衣媮食	87
避世墙东	8	謇人上天	64
避坑落井	8	羸縢履蹻	76
擿抉细微	178	骥服盐车	62
		缵禹之绪	183
		馨香祷祝	145

十七画以上

藉草枕块	61	鳞集仰流	78
藏头佉脑	15	露往霜来	82
藏器待时	15	露钞雪纂	82
蹊田夺牛	140	囊漏贮中	94
髀肉复生	8	鬻声钓世	168
黏吝缴绕	95	鼹鼠饮河	152
魏颗结草	136	麟子凤雏	79
燮和之任	145	麟角凤距	78
謇人上天	64	麟角凤嘴	78
簪盍良朋	171	蠹啄剖梁柱	30

后　记

　　成语是中华文化的瑰宝，也是中华民族智慧的结晶，更是五千年中华文明绵延流长的重要基石。

　　生活离不开成语，成语亦离不开既往的常例、典制、典故、传说、故事以及文章诗赋中的词语。感谢祖先为我们留下了那么多的珍宝。

　　了解、传承及用好成语是我们的责任。心慕手追，顿学累功；探源抉微知来路，赓故习新弘大道。

汪仲华
2024 年 6 月 12 日